ぐらもくらぶシリーズ②

あゝ浅草オペラ

写真でたどる魅惑の「インチキ」歌劇

小針侑起 著

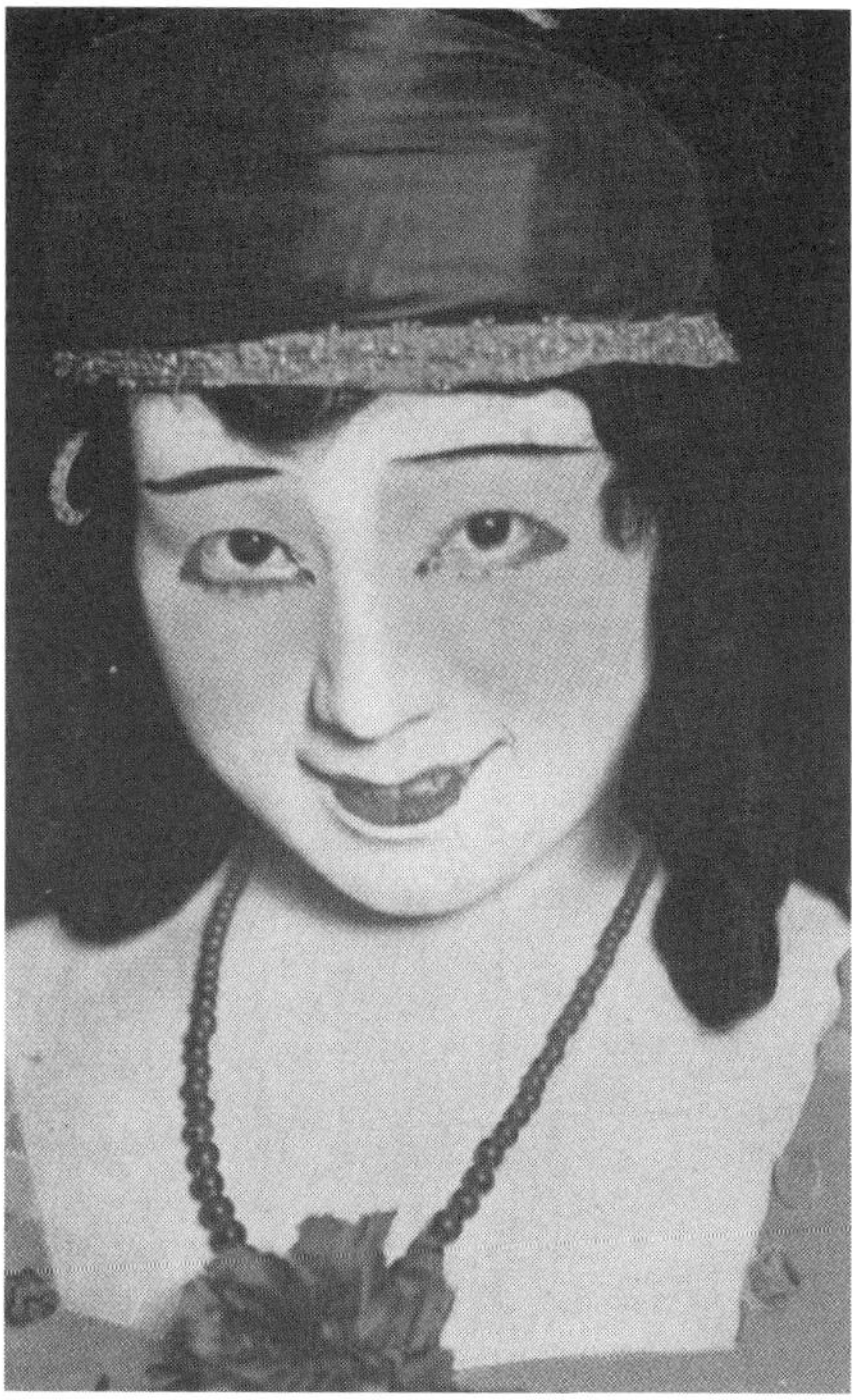

えにし書房

扉写真　「ルッキング・グラス」河合澄子

あゝ浅草オペラ　目次

1　浅草オペラ略史

浅草オペラ……。「オペラ」という気高いイメージの言葉に、「浅草」という言葉が被さると庶民的、下町的なイメージが混ざり込み、なんともエキゾチックであり、奇妙であり、意外な単語の組み合わせなので、思わず目を引く造語である。そもそも「浅草オペラ」という言葉は、大正時代に都市部の若者たちに熱狂的に受け入れられたオペラという新しい芸能が、浅草という土地を中心に広まったことから、総称として「浅草オペラ」が定着したものだ。ところで浅草オペラという言葉はいつから使われ始めたのだろうか？

私が確認した限り一番古い「浅草オペラ」の使用例は大正八年のものを発見することができたが、これはあくまでも造語として意識的に使用したのではなく、「浅草のオペラ」を略して偶然使用されたものであった。私が今まで文献や当時の新聞、資料などを当たって来た感覚からいうと、浅草オペラが消滅して

〔写真1〕 浅草オペラ華やかなりし頃の浅草六区（大正10年頃）。平日の昼下がりなのか、この状態でもかなり客足は少ないといえる。

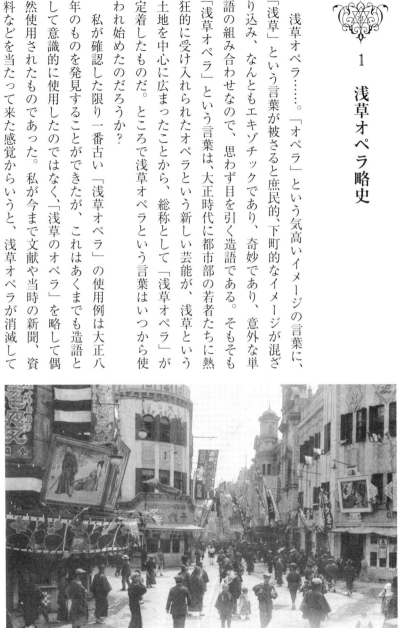

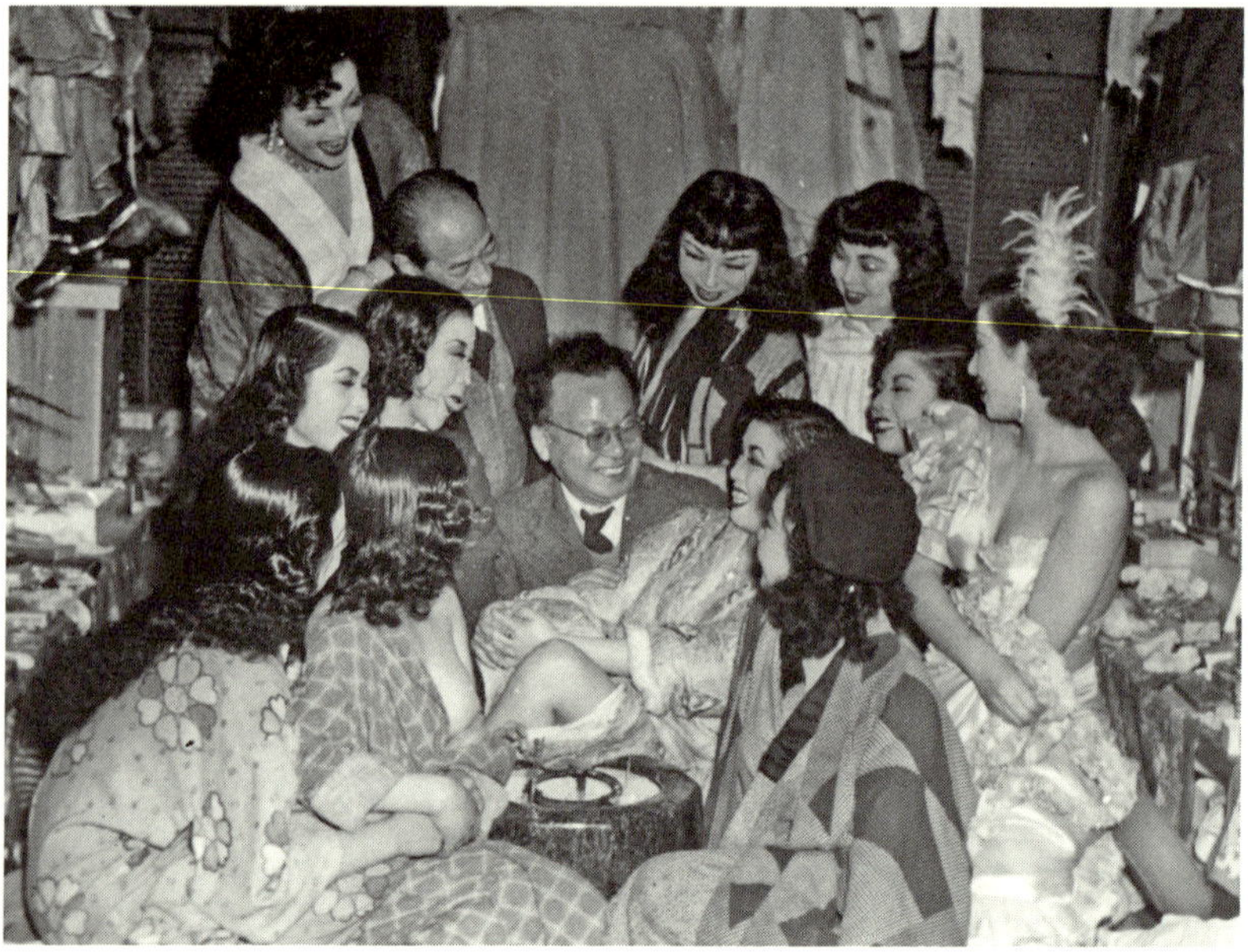

〔写真2〕　ストリップの殿堂と言われた浅草ロック座の楽屋で、ストリッパーに囲まれる作家の濱本浩。大正のペラゴロ時代から戦後まで浅草の劇場に入り浸り、「浅草の灯」「オペラ役者」など数多くの浅草文学を生み出した（昭和20年代後半）。

数年経った昭和初期頃から新聞で「浅草オペラ」「浅草歌劇」などと使用されるようになり、次第に世間に浸透していったものと思われる。また、本書のキーワードの一つである「ペラゴロ」という言葉についても検証してみたいと思う。そもそも「ペラゴロ」というのは、当時浅草オペラに通いつめた熱狂的なオペラファンのことを指し、個人で行動するというよりもファンクラブのような形で集い、劇場での声援や幟の寄進のほか、浅草のカフェーにたむろしてオペラ論を戦わせたりするのは可愛い方で、主に学校をサボって劇場に入り浸ったり、ファン同士で乱闘をしたり、贔屓の女優を取り巻いたりするようなファンを、卑下した意味を込めて使われる場合が多かった言葉である〔写真2〕。語源は「オペラ＋ジゴロ」から作られたという説と、「オペラ＋ごろつき」であるという二通りの説があるがはっきりとせず、名付け親は当時の浅草でオペラに深く関わり、またダダで「未来派」「構成派」「表現派」などを実行し特異な存在であった画家の小生夢坊、作家の金子洋文、辻潤らの無政府主義者グループだといわれている。大正八年の初頭には早くも「オペラ堂摺連《どうする》」などという造語と共に演芸雑誌で使用されているので（「堂摺連」というのは、オペラ流行以前に全国を風靡していた女義太夫（たれぎだ）の熱烈な追っかけのことを言い、舞台に向かって「どうする！ どうする！」と声を掛けたことから名付けられた）、オペラが全盛を迎え始めていた大正七年頃には既に巷では使用されていたと思われる。またジャーナリストで大正時代にオペラについて書きまくっていた代表的なペラゴロの青柳有美が、昭和十四年には「『ペラゴロ』なんかといふ言葉を耳にしても、今時のお若いお嬢さんや青年たちには、何んのことか、一向に珍文漢文であらう」と書いているのが面白い。

そんなペラゴロという存在は言ってしまえば不良の一種であり、次第にその過激な行動が社会問題と化し、大正七年一月には警視庁による学生ペラゴロの検挙も行われている。その当時の新聞記事には「學生團女優に溺る／中學生卅餘名検擧さる」と報道されており、

「目下横行してゐる不良少年と違い大罪を犯してはいないが、男女優に贈るべき物を請求し又は會費を得んが爲に父兄に對し學校用品を購求すると稱して一圓から三圓までの金銭を貰ひ尚夫れだけでは不足を感ずる處から少年少女を脅迫して金品を巻き上げたものもある形跡があるので遂に検挙するに至ったのである」とある。更に「中學生等の後援を得てゐるといふ浅草日本館はオペラ専門の活動常設館で、目下正喜劇「子（ネ）ボーの夢助」やトーダンス其他若い者共の喜びさうな甘い物を演じ、階上も階下も観客は殆ど學生で満たされ學生連中から寄贈された「澤モリノさん」などといふ旗がドッサリ舞台の天井にブラ下がってゐる。館員の談に依ると同館は學生や若い會社員をひゐきとし女優には、澤モリノ、富士川小浪、小（木）村時子、松下（島）栄美子等十六名居て、夫々幾つもの後援會を有してゐるとのことである（括弧

内は引用者注）」

（「朝日新聞」大正七年一月二十六日付）

という、ペラゴロの行動を如実に伝える興味深い記事も記載されているのだが、この記事を読む限り日本館側としてはペラゴロの行動に迷惑しているというより、有り難く容認しているという部分があるように思われる。

それとは反対に大正十一年に改装し新たにオープンした金龍館ではペラゴロ同士の喧嘩を問題視し、金龍館の責任者だった原辰雄によって雑誌「歌舞」に「歌劇場の頭取として」を発表。劇場の一階と二階でペラゴロ同士の喧嘩を止めるよう求めたものの、逆にペラゴロたちの反感を買ったという記録も残っている。因みに田谷力三の最初の夫人は浜町に住む熱烈なペラゴロであり、劇場に緞帳を贈るほどの熱の入れようだったと言われている。

ペラゴロだった人たちが亡くなってしまった現在、生の劇場の様子を聞けなくなってしまい残念ではあるが、実際にペラゴロを自認する作家の今東光は

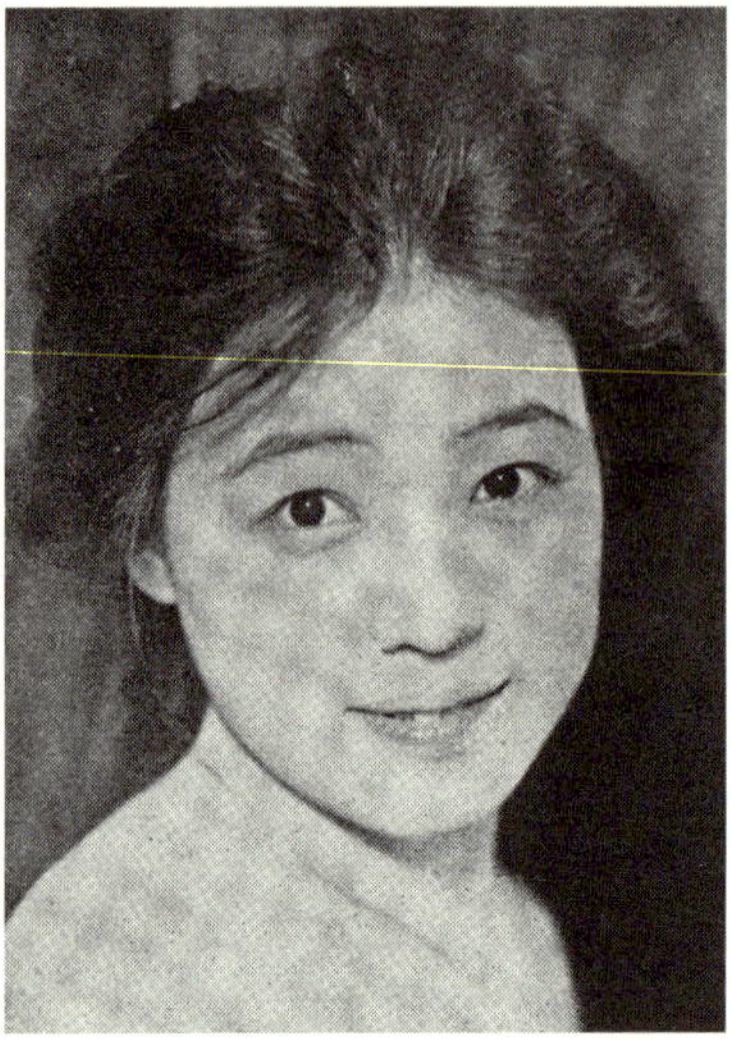

〔写真3〕　河合澄子（大正8年頃）。このチャーミングな笑顔が多くの青年を虜にした。

「澤モリノ組は瓢箪池のほとりに屯し、河合澄子組は九世市川団十郎の銅像前に屯するのだが、朝から出かけて来て日本館の開場時間まで待機し、いざ開場となると、両組は揃って威風堂々と入場して、二階の左右の席に陣取るのだ（略）彼らは用意した小旗を振り、扇子を振りかざし、花吹雪を投げ、ゴム風船を飛ばせて声を限りに熱狂するのだ」

（『十二階崩壊』昭和五十二年）

〔写真4〕　雑誌「オペラ」（大正8年6月号）。

〔写真5〕　雑誌「歌舞」（大正11年4月号）。

と臨場感溢れる回想を書き残しており〔写真3〕、また無名のコーラスボーイだった榎本健一は観客席の様子を

「ペラゴロの人たちの一人が声をかけ始めると、別の人が怒鳴り出し、遂に場内は歌声と音楽と怒鳴り声のルツボと化すのであった。（略）中にはノド仏をつまんで揺り動かし、われとわが声にトレモロをつけたりする新手も現れた」

（『喜劇放談エノケンの青春』昭和三十一年）

などと記し、まさに古き良き、長閑な大正の青春を感じずにはおれない。いつの時代にも存在する青春の一ページであるが、浅草オペラのファン雑誌である「オペラ」（大正八年〜十四年）〔写真4〕と「歌舞」（大正八年〜十二年）〔写真5〕の二大雑誌の創刊によって、それまで浅草の芸能に関しては地元のファンが芝居小屋に通い詰めて声援を送るだけのローカルな存在だったのが、紙媒体を通してのスターとファン、ファンとファンの関係が結ばれるようになり、これは現在に通ずる情報発信の一つのパ

ターンの元祖として見逃すことが出来ない部分である。特に地方で毎日の公演に通えないようなペラゴロが投書欄を利用して、同じスターを贔屓にする者と交流したり、意見を述べたり、紙上討論をしてみたり、またはロマンチックな詩なども投稿したりして、そのオペラに憧れ投書する様子は、現在のインターネット上のファン交流サイトの様子と何ら変わりがないところが意外であり、大変興味深い部分でもある。そんな当時のオペラ雑誌から、約百年前のペラゴロの叫びに耳を傾けてみたいと思う。

「己は遠い遠いシベリヤで国家の為に働いている軍人でオペラ愛読者の一人です。毎月内地から送ってもらふオペラを楽しみにしてる。久ちゃんのかの無邪気な姿が今一度見たいと思ってゐる（シベリヤ新兵）」

「ペラゴロに代わって革新団長とかいふ小奴に一言す。貴様の顔が見てやりたい、そしてメリケンの一つも入れてやったら目が覚めるか（セントラルペラゴロ）」

「マーちゃんが金龍へ出ると聞いて何もかもうち忘れて浅草へ飛んで行きました。グランドモーカルでは矢っぱりマーちゃんが一きは光って居ました。それにしても記者様は怪しからんのね！　マーちゃんの寫眞をのせないなんて。今度のせないと……ぜひのせてくださいな（ゆめ子）」

「記者様！　あたしね力ちゃんが好きで好きで気が狂いそうなの、寝ても覚めても学校へ行ってもお友達とはなしてゐても、どんな時でも力ちゃんの姿がはなれないの。あたし一生にただ一度、それもたった一言でいいから力ちゃんと口をきいてみたいわ（よんちゃん）」

「田谷様の悪口を言った人は片っぱしからひどい目に逢わしてやるからそのつもりで覚えてゐらっしゃい。あやまってきた人は妾の子分にしてあげるは（鎌倉京子）」

「記者の大ばか者、私がせっかく投書したのに出してくれないのをおぼへておゐで。こんど出してくれなかったら櫻木町までおしかけて行く（郊外よし子）」（著者注・上野の桜木町に「オペラ」誌の編集部があった）

「一瞬間でも猛ちゃんの事を思わぬ日はありませんわ。そして毎日寫眞の美しいお口にキッスをしてゐますの。それが何よりの慰めなんですもの（本郷ヱス子）」

「わたし北村にチャームされたの、北村のどこかにぞって、ア丶声にさへとてもたまりませんの、その北村が今年検査でせう、合格なの？　毎日気をもんでゐるの、おしえてくださいましな、合格したら大変、十二月から入営するんですもの、お顔が見られなくなるは」

この熱狂ぶり、どのようにお感じになっただろうか？　思わず笑みがこぼれてくるが、当人たちはあくまでも真面目で、自分の好きなスターを貶されては激怒し、写真にキッスしてしまう程に惚れ込み、投書を没にされたら脅迫してみたり、かなり武闘派の激しいファンをペラゴロと呼んだことが如実に伝わってくる。行き過ぎた例としては「ペラゴリーナの奈々ちゃんが、北村猛夫に失恋し、鉄道自殺して、哀れ果敢なくも十八の短生涯を終へた」という記事まで当時のオペラ雑誌には掲載されている。また多くの女性ファン共通の悩みは青年盛りのオペラ俳優が兵役で数カ月間、舞台を留守にしてしまうということで、兵役検査の合否を気にする声が多数あるのも当時ならではであり、ちなみに大正八年には田谷力三〔写真6〕も兵役検査を受けたらしく、第二乙種合格だったために入営は免れたとも伝えられている。これらの投書を読んでいると、ペラゴロのほとんどが「カルメン」や「ボッカチオ」などの上演を目当てに劇場に通う音楽ファンではなく、アイドルの追っかけだったということも確認できると思う。このような度が過ぎた応援合戦を繰り広げるきっかけになったのは、ペラゴロたちの自発的な行動によるものばかりではなく、オペラ女優たちによる後援者たちを利用しての自己宣伝からだったとも言われている。また雑誌の投書欄にはオペラ俳優に送る詩や短歌なども多数掲載されており、

「田谷さんのお好きなセレナード
私も好きなセレナード
私の唄ったセレナードは
あなたの枕辺にさまよったでせう

北國の丘に咲く月見草の様な
さみしい美しい眼の　あなたのお聲は
曙光を浴びた乳色真珠の様でした」

なんともロマンチックな思いを抱いていたペラゴロもいたもので、正に大正ロマンを思わせるものがある。

〔写真6〕　雑誌「オペラ」の表紙を飾った田谷力三（大正9年11月号）。

〔写真 7〕　開業当時の帝国劇場（明治後期）。

〔写真 8〕　絢爛豪華な帝国劇場の内部の様子。帝劇に出かけることが庶民の夢であり、憧れでもあった（明治後期）。

〔写真9〕　帝劇「嫉妬」（大正4年10月上演）。バレエを取り入れた舞台であるが、尾上梅幸、松本幸四郎、沢村宗十郎らの歌舞伎役者も出演した異色作品。左手前の椅子に腰かけているのがジョバンニ・ヴィットリオ・ローシーである。

それでは、ここで浅草オペラの歴史を駆け足で追ってみよう。

浅草オペラと一口に言っても、浅草にオペラが進出するまでには幾多の困難、紆余曲折があり、決定版浅草オペラに辿り着くまでには、いくつかの源流があるのだが、やはり浅草オペラへの大きな足掛かりになったのは、明治四十四年八月、開場したばかりの帝国劇場に歌劇部が創設されたことに始まる〔写真7、8〕。

声楽教師には、イタリア人のアドルフォ・サルコリー、清水金太郎、柴田環〔三浦環〕、安藤文子〔大正三年六月より〕、ダンス教師には当初、マダム・ミックスが迎えられていたが、事情により帰国したため、大正元年六月、その穴埋めと生徒の更なるステップアップを図るべく、帝劇専務・西野恵之助が欧米漫遊中に、ロンドンのエンパイア座とアルハンバレエ座で舞踊教授をしていたジョバンニ・ヴィットリオ・ローシー〔写真9〕を二年間の契約で招聘。ローシーは一八六七年ローマ生まれ、ミラノ・スカラ座への出演経験も持ち、彼の国では「古城の鐘」の守銭奴ガスパールを当たり役として名声を浴びていたと伝えられるが、現在日本で知ることのできるローシーの経歴は確証の持てる本国の資料を基にしたものではなく、その殆どが日本の弟子たちや関係者が伝え聞いた噂によるものなので、実際にローマやロンドンで大きな足跡を残した舞踊家なのか疑問点も多い。「帝国劇場」という名前から国営劇場と早とちりしたローシーは来日を快諾したが、後に民営ということを知りがっかりしたというエピソードも残されており、帝劇管弦楽団の楽長出身の竹内平吉は「ローシーという男は芸術味に欠如したシンプルな寄席芸人だった」との言葉も残している。生徒を募集し一期生として集まったのは、石井林郎（漠）、服部曙光、柏木（小森）敏、南部邦彦、松山芳野里、小島洋々、萱雪郎、石神たかね、井上増布（起久子）、河合磯代（山田菊尾＝山田耕筰夫人）、中山歌子、澤美千代（モリノ）、原せい子、湯川照子ら十四人。当初は女優劇の森律子や藤間房子などが出演する舞台に柴田環が客演するような形もとられていたが、明治四十四年十二月には早速、帝劇で最初のオペラ「カバレリア・ルスチカナ」を上演。サルコリーや柴田環ら教師陣、また女優劇の音羽かね子らが主演を務め、歌劇部の生徒たちはコーラスを担当し初舞台を踏んでいる。この時にサルコリーと柴田環によって吹き込まれたレコードが、国産のオペラレコード第一号となった。続いて明治四十五年二月には能から材を取った帝劇初の創作オペラ「熊野」〔写真10〕を上演するも、能の舞台で使用される言葉をそのまま歌詞にしたため、作曲を担当した外人教師のユンケルとウエルクマイステルには理解不能で、メロディと言葉が合致しない奇妙な作品が出来上がったと言われる。しかも柴田環が着慣れない十二単の裾を踏んで転倒するという失敗を犯したために観客席は笑いの渦となり、「オペラとはおかしなもの」という印象を強く植え付けることとなった。

続いて二期生である石井行康、葉須淳、高田雅夫、櫛木亀次郎、岸田辰弥、山根千世子（映画女優・山根寿子の母）、花房静子、春日桂（清水静子）、花園百合子、宮崎年枝、天野喜久代ら十一人を募集採用するも、歌劇だけでは経営に負担がかかりすぎるということから洋劇部と改称。オペラだけではなく西洋ダンス、バレエ、パントマイム、または新劇への出演など、実験的・革新的な舞台を上演しながら三期生として杉寛、鈴木之夫、三ヶ島天聲（左下全）、木村時子、小村節子らの養成を行ったものの、歌舞伎や浪花節、娘義太夫が娯楽の中心だった時代、オペラが一般に受け入れられる筈はなく、帝国劇場側が洋劇部の解散を決定し、大正五年五月に上演された「コルネビーユの鐘」が最終公演となった。帝国劇場でオペラの華が開くことはなかったが、ここで学んだ生徒達が後の浅草オペラ、その後各界の旗頭として活躍していくことになる〔写真11〕。

そこで、日本オペラの普及に命を賭け、夢を捨てられなかったのが、帝国劇場でダンス教師として招かれていたG・V・ローシーであった。まずは原信子らとパトロンに援助を要請し、また私財を全て投げうって赤坂の弁慶橋附近にあった活動写真館・萬歳館を買取り、改装。ローヤル館と命名し新たなオペラシアターを開場したのが、大正五年十月一日のことであった。帝国劇場で使用していた衣装やかつらを借り受け、原信子、清水金太郎をはじめ帝劇オペラの教え子、そして新たに田谷力三、藤村梧朗、柳田貞一、町田金嶺、堀田金星らの新鮮な若手が集まり、その入団試験の際「ニッポン、テノール、イチバン、グッボーイ」と感激のあまり田谷力三に抱きついた話は有名である（田谷は契約金百円に度肝を抜かれたが、結局契約金が支払われる事はなかったらしい）。後に秋月正夫と改名し、新国劇の役者となる堀田金星は「毎月一回、各国大使の総見がありまして、当日の館の入口には、様々な色や形の馬車がズラリと並び（略）一階の客席、ボックスはまるで外国のオペラ劇場かと思われる程の華やかさでした」（『蛙の寝言』昭和三十一年）と、当時を回想している。大正六年十月には「カバレリア・ルスチカーナ」を原語上演したり、意欲的な活動が行われていたが、入場料については一番安い四等席は二十五銭だったものの升席は十六円という超高額だったということで、周りの者が入場料を下げることを進言したがローシーは聞き入れず、また夕暮れ以降になると人もまばらになる武蔵野の面影を色濃く

〔写真 10〕　帝劇「熊野」（明治 45 年 2 月上演）。右が清水金太郎、左が柴田環（三浦環）。この上演時に柴田環は十二単の裾を踏んで舞台上で転倒し、客席は爆笑の渦になったと伝えられている。

〔写真 11〕　帝劇「古城の鐘」（大正 4 年 3 月上演）。右から松山芳野里、原信子、柏木敏。ここに写る 3 人とも外遊に旅立ち浅草オペラの盛衰を見届けてはいないが、後の浅草オペラで大人気演目となっている。

残す土地柄ということが重なって、次第に客足は遠のいていった。またローシーは、度々、関係者と大きなトラブルを起こしており、オープン当初の専属オーケストラの楽長であった島田晴譽や、人知れず子まで成した仲になっていた一座のプリマドンナ・原信子に至っては、それぞれ裁判沙汰にまで発展し、島田の後釜として専属オーケストラの楽長になった竹内平吉とも衝突。音楽界の実力者たちは次々にローシーのもとを去り、音楽界での評判も散々だったと推測できる。ワンマンを極めたローシーの指導と毎月支払われない月給のためにトラブルが続き、弟子たちまでも相次いでローヤル館を去り、間もなく経営不振に。ローシーは最後まで力を振り絞ったが、ついに財産は底をつき、大正七年二月「椿姫」を最後にローヤル館は解散。奇しくも浅草ではオペラの全盛期に差し掛かろうとしていたが、帝国劇場から慰労金三千円を受け取って三月二十一日には逃げるように日本を後にすることとなった。

〔写真12〕 原信子歌劇団「カバレリア・ルスチカナ」（大正7年5月上演）。サントッツアを演じる原信子、トリードを演じる田谷力三の2人。観音劇場で上演されたものである。

ローシーは日本を去るに当たって「日本で沢山の敵と、ほんの少しの親友をつくりました」と親交のあった新派俳優・河合武雄に語ったとも言われており、また「私は日本とサヨナラします。けれども私にはまだ芸術がある。此の芸術の有る間は、世界はみな私の故郷なのです。……ただ、日本を除くの外は！」と恨み言を残したともされている。因みに、ローシー撤退後しばらくしてからローヤル館は赤坂帝国座と改められ、活動写真館として再出発している。そして、そこで路頭に迷いつつあった原信子やローヤル館の残党に声をかけたのが、浅草でのオペラ人気に目をつけていた喜劇役者の曾我廼家《そがのや》五九郎《ごくろう》であった。後年原信子は「浅草へ行きたくないけど、もうどう仕様もないんで、四十人近く連れて行ったんです。（略）あたし、親類からは怒られるし、みんなに苛められるし、抜けたいと思ったけど、なかなか抜けられないの。」と語っているが、大正七年三月三日に浅草観音劇場にて原信子歌劇団の公演が開始されたのであった〔写真12〕。メンバーも田谷力三をはじめとして、堀田金星、茂木信夫、井上起久子、岡村文子などの豪華な顔触れが揃い、第一回公演では「アルカンタラの医師」を取り上げており、以後、「サロメ」や「軍艦ピナフォア」など数々の名作を意欲的に上演するものの、原は大正八年の春「今の歌劇に愛想が尽きた」という手記を総合演芸雑誌「演芸画報」（大正八年四月号）上に発表し、ローヤル館での「マリターナ」「ボッカチオ」の上演を最後に引退。同年の十月十四日に本格的なオペラを学ぶためにアメリカに渡り、二度と浅草に帰って来ることはなかった。

一方、赤坂でローシーが日本にオペラを普及させようと奮闘していた頃、ひとりの女性が白らの一座を率いて、当時インテリや知識層から蔑みの目で見られていた庶民の街・浅草に進出した。その女性こそ、浅草オペラの母とでも言うべき高木徳子であった〔写真13〕。高木徳子は明治二十五年に神田三崎町で生まれ、十六歳という若さで宝石商だった夫の高木陳平と結婚・渡米し、寄席芸人として生計を立て乍ら一方ではバレエを修得。大正三年に帰国し、翌年二月の帝劇で帰朝公演「夢幻的バレー」を上演。その後、大正五年の二月にはダンシングスクールを開校したり、五月には世界的バラエティ一座を旗揚げし、浅草に初出演。

〔写真13〕　高木徳子（大正６年頃）。

〔写真14〕 オペラ座「シンデレラ」（大正九年十一月上演）。オペラ座は東京歌劇座が改名した後の劇団名で地方公演を数多くこなしている。中央に跪くのは石井漠。

〔写真15〕 新星歌舞劇団「新舞踊 いちご」（大正八年六月上演）。意欲的に創作舞踊も上演されており、中央手前が高田雅夫、中央で立っているのが澤マセロである。

〔写真17〕 大阪ルナ・パークで上演された松旭斎天洋一座「ケーキ・ウオーク」（大正八年）の舞台。奇術師の多くがマジックの舞台にオペラを取り入れており、より広い客層にオペラの存在を知らしめるきっかけとなった。

日本初のトゥーダンサーとして注目される一方、当時はやりの「新しい女」として多くのゴシップ記事のネタにされたりもした。そんな高木徳子が、大正六年一月二十二日、浅草常盤座で上演したのが、浅草オペラの元祖といわれ伝説的な演目として伝わる「女軍出征」（伊庭孝・作）であった。高木徳子の輝くような存在感、弟子たちの美しさと共に、エロあり、笑いあり、軍事色ありの、日本初のミュージカルは、新しいもの好きの浅草の客の心をつかみ大ヒット。以後、浅草オペラが崩壊するまで幾度となく再演され、高木徳子の演じたフランス女士官を演じることが、歌劇女優の目標になっていたという。そして大正六年十月、同じ浅草六区にあった日本館では、佐々紅華や石井漠を中心とした東京歌劇座〔写真14〕が旗揚げされ、大正七年四月には鈴木康義、西本朝春らによって旭少女歌劇団が組織される。ここに話題の高木徳子一座も加わって、否が応でもオペラ人気を煽りに煽ったのであった。日本館は、前代未聞の大胆なオペラ上演を試み、他の興行主から非難を受けながらも、浅草で初のオペラ常設館となると、浅草でオペラの人気は爆発し一時代を築くこととなった。そして日本館の隆盛に対抗するように、大正八年二月には浅草オペラのメッカとなる金龍館を根城に七聲歌劇団、同年五月には新星歌舞劇団〔写真15〕が旗揚げされると、浅草六区の街で空前絶後のオペラ上演合戦が繰り広げられるのであった。主要歌劇団の他にも、ありとあらゆる歌劇団が乱立し、また女流奇術師として人気を一身に集めていた松旭斎天勝〔写真16〕や松旭斎天華、後に日本奇術協会会長を務めることとなる松旭斎天洋〔写真17〕までもマジックの舞台にオペラを取り入れ人気を集め、音楽の素養もなく、アイドル的人気を集めるスター達が、分裂、引き抜き、蒸発を繰り返し、記録に残っているものだ

〔写真16〕　松旭斎天勝（大正初期）。

〔写真18〕　樂劇座「勧進帳」（大正12年8月上演）。佐々紅華の創作オペラ「勧進帳」が成功したことによって、他の劇団によって類似作品が上演されている。弁慶を演じているのは堀田金星。

けでも、その足どりを追うのは非常にややこしい〔写真18〕。

このようにオペラが隆盛を極めていた大正八年には浅草オペラの機関誌とも言える「オペラ」や「歌舞」などが相次いで創刊され、オペラ女優の肌も露なプロマイドが飛ぶように売れ、また後に社交ダンスの指導者として一時代を築くこととなる若き日の玉置真吉が原信子歌劇団でアルバイトの傍ら、メロディー社と名乗って浅草オペラの舞台をスケッチした絵葉書を発行していたのもこの頃のことである。他にも、浅草オペラの俳優たちのプロフィールを掲載した名鑑や、当時らしいところではオペラ俳優の番付までも発売され、番付に関しては田谷力三の遺品にも残されており、美貌で売ったスター明石須磨子は生前「私は番付で小結までいったのよ」と語っていたということから、関係者たちにとっても非常に気になるものだったということがわかる。人気を知るという点では雑誌「オペラ」や「女の世界」などで定期的に人気投票も行われており、ペラゴロたちにとってはお楽しみ行事であったことだろう。

一方、当時の興行の様子であるが、浅草オペラが上演されていた芝居小屋は「劇場」としての条件を満たしていない「観物場」がほとんどであり、「観物場」の規則の主なものに十日毎に出し物を替えていかなければならないという厳しいものがあったため、基本的に一日二回から三回公演が通常であったが、舞台のはねた後には次回公演の稽古が待ち構えていて、しかもその稽古しているものも数日後に上演するものであるから、決定的に稽古時間が不足していたと言える。楽譜が読める幹部俳優たちにとってさえも厳しいものであり、与太なアドリブに走ったり女優が媚びを売って時間稼ぎのようなことをするなど舞台上の演技が乱れがちだったことにも頷かされる。石井漠によると、大正十一年の根岸歌劇団正月興行では朝の九時から一日八回興行という信じられないような回数の無茶な公演を行っており、四十分のものを十二分くらいに短縮して上演したというのだから、あきれるより他にない。こうした、人権を無視したようなオペラ俳優の労働は特別に珍しくもない日常の様子であり、一部の人たちから浅草オペラが見下された原因の一つがここにあると言える。

右：〔写真19〕　田谷力三（大正10年頃）。左：〔写真20〕　田谷力三の人気を伺い知ることの出来るスタンプ（昭和初期）。

このようにオペラ人気と共に、多くのオペラ役者が誕生したが、一番人気は浅草オペラの象徴とも言うべき田谷力三であった〔写真19、20〕。田谷は明治三十二年一月に東京神田の生まれであり、十歳の頃に日本橋の三越少年音楽隊に参加。澤崎完三に師事してバイオリンやホルンを修得したのを音楽生活の振り出しに、大正六年四月には前述の通りローシーに出会ったことによりオペラ俳優としてデビューしたのは、同年五月に両国国技館で上演された音楽劇「燃える火」（江見水陰・作、竹内平吉・作曲）だったとも、六月に上演された「ブン大将」だったとも言われている。大正七年ローシー一座の解散後は原信子歌劇団に参加するものの、同年九月には東京歌劇座に移籍し、大正八年二月には七聲歌劇団の旗揚げメンバーとして名を連ねているが、同年八月には新星歌舞劇団への移籍と、他の俳優たちと同じようにその足取りは不安定である。大正九年九月に根岸歌劇団の旗揚げメンバーとして参加してからは解散までの期間を腰を据えて活躍。当時のオペラ雑誌の投書欄は田谷党の投書で溢れており、彼がマントを着れば、マントを着た若者が闊歩し、舞台で黒い帽子を被れば、帽子屋から黒い帽子が売り切れる等、その人気をうかがい知ることのできる伝説が多く残る。このように浅草がオペラ熱に浮かれている一方、

「おそらく浅草の歌劇位ゐ馬鹿々々しいものはない。彼れは梅坊主や、岩てこを喜ぶ趣味から、恰度十里程手前にゐる輩が見るものだ」（久保田万太郎）

「知識人、有閑人の集まる帝劇やローヤル館においてさえ不成功に終わった歌劇が、浅草へ出るや俄然人気を博したのは、おかしい」（堀内敬三）

「歌劇が、浅草に現れてからは、堕落のどん底に沈んでしまった。修養も、人格もない歌劇俳優を取り巻くものは、無知の民衆であり、彼らを操るものは悪辣なる興行主である」（小林愛雄）

「日本の声楽家の一流がどしどしと歌劇俳優になつてゆく様な革命が起こらなければ、いつ迄たつても歌劇は浅草の一隅でもがいてゐるより仕方があるまい」（「歌舞」大正十一年七月号）

「東京にたった一つのオペラハウスの金龍館が浅草にあると云ふことが歌劇の発展をさまたげてゐる」

（オペラ雑誌の投稿欄）

などと痛烈な批判が高まった。そんな酷評をよそに、オペラは浅草から日本中へと浸透し、日本各地の主要都市でオペラが上演されて行くのであった。

知識人たちの腑に落ちない程の隆盛を極めた浅草オペラも、次第に翳りを見せ始めたのは大正九年頃のこと。大正九年の夏には浅草オペラ隆盛の砦であった日本館がオペラ常設館から、活動写真館へと転向し（オペラはアトラクションになった）、一條久子、白河澄子、明石須磨子、貴島田鶴子、谷崎歳子らのスターを輩出、擁していた旭少女歌劇団は、名古屋へと本拠地を移動し東京少女歌劇と改名。浅草オペラの人気が凋落した理由は諸説あるが、石井漠・小浪兄妹、高田雅夫・原せい子夫妻〔写真21〕、戸山英二郎（のちの藤原義江）らが遊学に旅立ち、高木徳子、一條久子、神山仙子、花園蝶子などのオペラ界きっての人気スターの夭逝なども無関係ではないだろう。そして、帝劇歌劇部出身であり日活初の女優として活躍した中山歌子をはじめ、英百合子（松竹）、伊達龍子（松竹）、園かおる（松竹）、川田貴美子（大正活映）、紅澤葉子（大正活映）、瀬川鶴子（日活）、石田雍（帝国キネマ）、吉井郁子（帝国キネマ）、歌川るり子（帝国キネマ）、水野譲二（マキノ）らのスターが映画役者に転向したことも、オペラ界にとっては大きな痛手だったかもしれない。ただし一つ言えること

〔写真21〕　高田雅夫・原せい子渡欧送別会（大正11年夏）。弟子や友人らが集まって催された送別会で、中根龍太郎や二村定一らの顔が確認できる。

〔写真22〕　根岸歌劇団「ボッカチオ」（大正十二年三月上演の時か?）。浅草オペラの中でも最も親しまれた作品であり、清水金太郎、柳田貞一、藤村梧朗、清水静子、明石須磨子、二村定一らの顔が確認でき、またコーラスボーイ時代の榎本健一も写り込んでいる貴重な一枚。

〔写真23〕　根岸歌劇団のリハーサル風景（大正十年頃）。オーケストラボックスの様子や、客席が長椅子だったことを知ることができる。

〔写真24〕　浅草オペラの俳優たちは仲間意識が強く、何かというと親睦会を開いていた。前列右から四人目に清水静子、その左に明石須磨子、二人置いて北村猛夫、柳田貞一。親睦会の他にも乗馬クラブや野球チームを編成し、僅かな休暇を楽しんでいた。

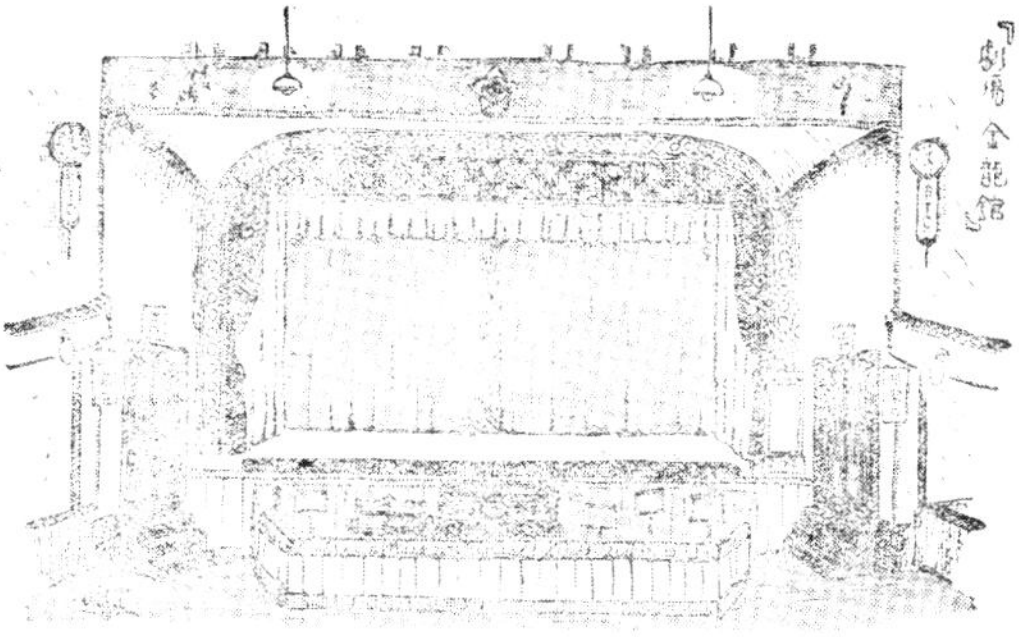

右：〔写真 25〕 金龍館の客席に座る清水金太郎（大正 11 年）。
左：〔写真 26〕 劇場として改築後の金龍館。約 1 年後には関東大震災で焼失する（大正 11 年）。

は、関東大震災は決定的な一撃を与えただけで、浅草オペラはそれ以前から崩壊の途を辿っていたという事である。

そんな浅草にとって転機の時期に、心から浅草を愛し、オペラの発展のために集まった役者で結成されたのが、浅草オペラを代表する一大歌劇団・根岸歌劇団であった〔写真22、23、24〕。田谷力三をはじめとして、清水金太郎・静子夫妻、藤村梧朗、柳田貞一、町田金嶺、大津賀八郎、天野喜久代、安藤文子、木村時子、堺千代子など、まさしく百花繚乱・絢爛豪華な顔触れで、全盛期には約百二十人の劇団員を擁したと言われ、後に日本の喜劇王と言われる榎本健一も、根岸歌劇団のコーラスボーイとして初舞台を踏んでいる。大正十一年末からは、それまで「観物場」として届出がされていた金龍館を「劇場」として改装し、堂々の再オープン〔写真25、26〕。しかし、劇場としては不評だったようで

「横手で切符を一金四十銭也で買って入るとこれはまた天井がやけに低い。何だか背の餘り大きくもない自分にさへ上からおさへられるやうな氣がする。天井の低いのに梁を六寸餘りも下げてあるから後ろも方に立ってゐる人は舞台の俳優の胴下だけを拝見する始末、おまけにいやに太い柱が決まり悪くなって突立ってゐる。聞けば二階が満員になっても用心がい、やうにとの事、何れ丸の内の恐

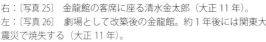

い叔父さんの厳命だろうで。（略）「美」といふ事を考えても損はすまいに、假令漏電防止が、新しい白い壁に醜い色の電燈線を這はすなんて。又楽士連の出だってさうだ。去年の十月頃まではベルが鳴ると下手の奈落に軽い靴音をさせて管弦楽席に一人づつ現れたのが現在は下手の舞台から緞帳を開けながらズカズカ下りて來る。餘り感じのいゝもんぢゃない。矢張り楽師の出入りは奈落の方がよい。天井には改装前の遺物金の龍が青い格子をのたくって御座る」

（「歌舞」大正十一年四月号）

〔写真 27〕 8階から折れてしまった凌雲閣。震災被害の甚大さが直に伝わってくる（大正 12 年 9 月頃）。

〔写真 28〕 関東大震災直後の浅草六区（大正 12 年）。

〔写真29〕 根岸歌劇団「アイーダ」（大正12年12月上演）。東京でのオペラ活動が再開された時、まず上演されたものの一つが「アイーダ」であった。会場の報知講堂には観客が詰めかけて大盛況だったと伝えられている。写真はエジプトの王アモナズロを演じる藤村梧朗。

そして、浅草金龍館にて根岸歌劇団「カチカチ山後日譚」の上演中、午後より「お蝶夫人」が上演される予定であった大正十二年九月一日午前十一時五十八分。マグニチュード七・九の地震が東京全市、横浜方面を襲った。所謂、関東大震災である〔写真27、28〕。その中でも、特に浅草は壊滅的な被害（特に火災では甚大な被害）を受け、東京のシンボルであった凌雲閣（通称・十二階）は無惨にも半壊し、ただでさえ人でごった返していた六区興行街・瓢箪池附近には、芝居見物に来ていた観客、火に追われた吉原の遊女、花屋敷から逃げ出した動物たちも入り混じり、まさに地獄絵図のようだったと伝えられている。劇場は崩壊、衣装や台本は焼失し、オペラ役者たちは失意のうちに浅草を去り、根岸歌劇団は関西巡業へ。そして多くの役者がオペラ界に見切りをつけ、活動写真界に転身する者、舞台俳優になる者、廃業する者が後をたたず、或は一時しのぎに活動写真館の陰唄歌手をするなど、以後消息不明の役者は数多い。地方巡業に切り替えた根岸歌劇団は、大正十二年の十二月には報知講堂にて東京公演を再開し〔写真29〕、震災を題材にした新作を上演するなど、相変わらず意欲的な活動をするも、巡業先の北海道で分裂し、あっさりと解散〔写真30〕。翌十三年四月、急速に復興した浅草六区のオペラ館に、再びオペラの灯をと、雑誌「オペラ」の編集長をしていた森富太が中心となり、森歌劇団を設立。「浅草に聳ゆる・歌劇殿堂の権威オペラ館」を宣伝文句に、田谷力三、柳田貞一、藤村梧朗、清水金太郎を大幹部として根岸歌劇団を思わせる豪華な顔触れが揃い、大いに意気込んで第一回公演では「マスコット」「カフェーの夜」「アルカン

〔写真 30〕 震災によって根岸歌劇団は北海道や関西方面へ出向くこととなり、興行トラブルのためあっけなく解散となってしまう。この写真は公演先の札幌で撮影された歓迎会の様子で佐々紅華、藤村梧朗、二村定一らの顔が見える（大正 12 年）。

上：〔写真 31〕 森歌劇団「カルメン」（大正 13 年 4 月上演）。震災からスピード復興を遂げたオペラ館で、震災前に記録的な観客数を動員した「カルメン」を上演しており、前後 2 回に分けて上演された。

左：〔写真 32〕 森歌劇団「カルメン」（大正 13 年 4 月上演）。右からメルセデスを演じる明石須磨子とミカエラを演じる高井ルビー。

〔写真 33〕 雑誌「オペラ」（大正 13 年 7 月号）に掲載された榎本健一。歌劇俳優として紹介された唯一の記録ではないだろうか。

タラの医師」、ボードビル「パッシング・ショウ」を上演。その後も震災後初の「カルメン」を上演し〔写真31、32〕、浅草で初めて打楽器ティンパニを使用したことによってオーケストラに厚みを出すことに成功し大盛況であったが、観客不入りのために僅か七カ月で解散。その他にも、大合同歌劇団、ミカゲ歌劇団、五彩会、歌劇協会、東京芸術社歌劇団、東京歌舞劇団など、ありとあらゆる中小歌劇団が大スター達によって組織され、二村定一、白井順、新井秀男、福井茂、榎本健一〔写真33〕などの若手が頭角を現しつつあったが、どれも振るわず短期間で解散。震災後の雑誌「オペラ」を紐解くと

「近頃の歌劇界の有様は凋落である。あの呪はしき十一時五十八分以降の歌劇界は、本当に淋しいものである」

「久しい因襲に促われた歌劇団も目覚め自覚する時が来たのである。興行師等によつて、小さい何等の権威さへない劇団が組織され、そして解散させられてゐる。建設から破壊へ、それは余りにもいたましい挽歌ではなかつたであらうか」

「あっちでもこっちでも、年柄年中『女軍出征』や『カフェーの夜』をやっていたって、何時まで経っても進歩する筈がありません」

などの、オペラ界の現状を指摘し、発展を願う発言が多く見られる。オペラ役者の尽力、ペラゴロの祈りも虚しく、大正十四年十月には浅草でのオペラ公演は途絶え関係者たちは各方面に散っていった〔写真34〕。

〔写真34〕「カフェーの夜」（大正十三年頃）の舞台写真。どの歌劇団で上演されたものかは不明だが、柳田貞一による木座野、河合澄子によるおってくさんのコンビである。

そして、オペラの灯は永遠に灯らないかと思われていた昭和二年四月のこと、相良愛子、井上起久子、岩間百合子、中村米子、出雲久栄、北御門華子、柳文代、花園綾子、町田金嶺、杉寛、宇津美清、千賀海寿一、河辺喜美男、澤マセロら、浅草オペラのスター達が再び集い、新たに結成されたのが更生歌劇団であった。「浅草名物　オペラの殿堂」の謳い文句も華やかに浅草遊園第一劇場での意欲的な定期公演が始まると、更生歌劇団の動きに対抗するかのように、松山浪子をはじめとして二村定一や中村是好などが在籍する歌劇民衆座が同年五月より御園劇場での定期公演を開始し、更には震災直後に最も力を持った歌劇団としてオペラ館にて活発な動きを見せていた森歌劇団が同時期に復活。ここでは藤村梧朗・明石須磨子夫妻や奈良八重子などのスターが奮闘し、再び浅草にオペラ人気が復活するかのような期待が高まったのも束の間、更生歌劇団、民衆歌劇座は共に八月、森歌劇団は十月までで、それぞれの劇場プログラムから完全に消滅し、遂に浅草からオペラ公演は消え去ったのであった。

フォトコラム1 「帝国劇場歌劇部」

本格的なオペラを上演するため、明治44年に開設された日本初のオペラ俳優養成所・帝国劇場歌劇部。残された写真からは、衣装や舞台装置も想像以上にしっかりしていたことを伺い知ることができる。ここではバレエやパントマイム、また新劇の舞台などに出演し、歌舞伎俳優や帝劇専属の女優らとも共演。帝国劇場という大舞台で舞台人としての教養と実力を身に付けた生徒たちが浅草へと羽ばたいていくと、権威的な存在として浅草オペラの顔となっていった。

「戦争と平和（ジェロルステイン大公妃殿下）」（大正4年5月上演）。浅草では「ブン大将」「戦争と恋愛」「女公妃殿下」などの邦題で上演された人気作品。中央で得意のポーズを取るのは清水金太郎である。

「釋迦」（明治45年6月上演）。松居松葉作、ウェルクマイスター作曲の創作オペラで、不評であった「熊野」とは反対に非常に好評な作品であった。

「天国と地獄」（大正3年10月上演）。左から2人目が主の神ジュピターを演じた清水金太郎。この頃のオペラ界は清水金太郎の天下であり、「日本一のバリトン」と称されている。

「生ける立像」（大正２年８月上演）。ローシーによる演出であるが、写真では暗黒舞踏的な雰囲気が感じられる。帝劇歌劇部１、２期生の出演。

「夜の森」（大正２年２月上演）は、松居松葉が「ヘンゼルとグレーテル」を独自に改編したもので、写真右から澤美千代、大和田園子、音羽かね子。音羽かね子は帝劇歌劇部の生徒ではないが、数多くの歌劇に主演級で出演した帝劇専属の女優。

「古城の鐘」（大正４年３月上演）。清水金太郎と天野喜久代。後に草創期のジャズ界で名を残すこととなる天野喜久代であるが、大正初期には既にオペラ女優としての地位を築いていたことが興味深い。

「唖旅行」（大正3年10月上演）。益田太郎冠者の作で元々は川上貞奴一座のために書き下ろされた喜劇であったが、帝劇での再演に際して喜歌劇に改編。好評を博し、後には浅草でも人気演目となった。

「金色鬼」（大正3年6月上演）。ローシー作のパントマイム劇。ローシー夫人と帝劇歌劇部生徒総出演、ラインダンスを思わせる舞台面である。

「マダム・バタフライ」（大正3年1月上演）。洋行帰りのソプラノ・高折寿美子（1886 − 1961）がバタフライを演じた日本初演であるが一部抜粋の上演。中山歌子や澤美千代らが助演した。

2 浅草オペラと大正カストリ文化

〔写真1〕 雑誌「女の世界」（大正4年創刊号）の表紙。

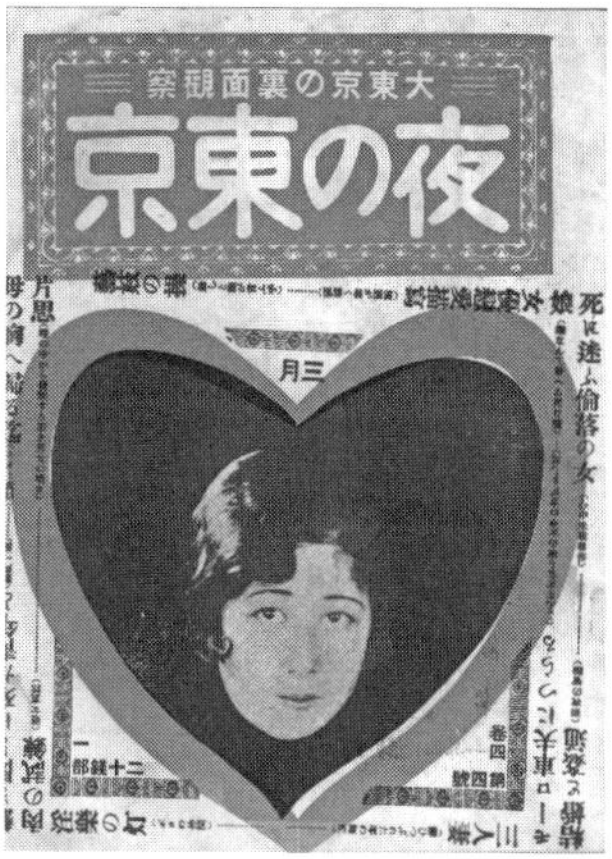

〔写真2〕 雑誌「夜の東京」（昭和3年3月号）の表紙。いかがわしいデザインが魅力であるが、表紙の女性は映画女優の夏川静江である。

戦後、かつての日本の芸能史を語る上で必ず言われてきたのが、「戦前には芸能界を素っぱ抜く様なゴシップなどなく、いい時代だった」ということ。当時を知る多くの文化人たちが異句同音の言葉を残しているので、いまや言うまでもなく「現代と違って、戦前は良識のある日本人ばかりだった」説が定着しているが、これは正に認識不足であり、数十年経って忘れてしまったのか、それとも歴史の歪曲か。大体、大正二年には一大ゴシップ雑誌「うきよ」が創刊されているし、その他にも大正四年創刊の「女の世界」〔写真1〕や大正十四年に創刊された雑誌「夜の東京」〔写真2〕に至っては、全編えげつない記事で埋め尽くされている。勿論、これらの雑誌は裏取引ではないにしろ、多くの発行部数を誇ったものではないので、紙質も粗悪で現存数も極端に少ない。戦後でいうならカストリ雑誌の類いであり、芸者などの噂と並んで、それらの雑誌でゴシップの的となっていたのも浅草オペラのスターたちであった。本来ならば提灯を持つべき浅草オペラの機関誌的存在の「オペラ」「歌舞」なども、俳優たちのプライベートな噂が満載で、色恋沙汰は勿論のこと、死んでもいないのに追悼記事が掲載されてみたり、誌上で激しい喧嘩があったりと、まったく穏やかではない。

現在の感覚からいうと、華やかな高学歴、エリート教育を受け、ゴシップからは程遠いような存在のオペラ女優が、何故、大正時代にはゴシップの恰好のネタになっていたのか。そこには現代の感覚とは、ちょっと違った「差別」「偏見」が隠されており、そもそも「浅草」という土地に出演すること自体が問題だったのである。

〔写真3〕 江戸の面影を残すような明治20年代の浅草六区。奥には凌雲閣、見世物小屋「珍世界」の幟も見て取れる。

そもそも浅草公園という土地は、それまで千束田圃と呼ばれた沼地であったが明治六年の太政官布告によって浅草は公園に指定され、明治十七年には一区から七区に区分けされたために「浅草公園六区」が誕生しているのだが、それまで奥山に集まっていた見世物小屋を六区へ移動させたことによって浅草六区は庶民の遊び場として、その歴史の幕を開けることとなる。浅草オペラ以前の芸能遍歴を簡単に記すと、明治十年代は居合抜きや西洋人の力持ち、大機械と称した文明機器の見世物小屋が立ち並び、巨大な富士山の模型、そして明治二十年には浅草芸能の発信

〔写真4〕　大正中期に撮影された凌雲閣および六区方面。手前に写るのは瓢箪池である。

地となっていく常盤座（開業当時は常磐座）が開業〔写真3〕。そして明治二十年代から三十年代になると、上野戦争や西南の役を油絵で描いたものを見せたパノラマ館、見世物小屋の珍世界、新派、手踊りで一時代を築いた都踊りと浪花踊り、江川と青木の娘玉乗り、女歌舞伎、少女芝居など、大道芸かられに毛が生えたようなありとあらゆる芸能が集結し、後のイメージと重なる猥雑な街を形成していくこととなる。明治三十年代から四十年代にかけては女浪花節が人気を集めていたが、その衰退に変わって人気をさらっていったのが女義太夫（娘義太夫）であった。竹本綾之助という美貌のスターを輩出し、江戸館、パテー館、東橋亭、御園座などの常設館の他にも、多くの芝居小屋が娘義太夫を取り入れて、ファン達が「どうする！　どうする！」と声援を送ったことから、熱狂的なファンを堂摺連《どうするれん》と称し、その人気ぶりは現在でも語り継がれているほどである。しかし、人気争奪戦の末、娘義太夫のスター達が自分の貞操と引き換えに幟を増やしていく等のグレーな噂も広まるようになり、浅草に出演する女芸人のイメージを決定的にしていくことにも繋がっていく。また六区には興行街の他にもいまやノスタルジックにも語られなくなって久しい浅草公園のオアシスであった瓢箪池があり〔写真4〕、近年、墨田区の東京スカイツリーの開業によって俄かに脚光を浴びた明治二十三年開業の凌雲閣（通称・十二階）も聳え立っていた。開業当時の入場料は大人八銭、子供四銭で、「十二階の高楼は八角形にして高さ貳百廿尺中の廻りは百五十尺中央に電気機械車ありて幾千人をも瞬時に上下せしむる事自在なり階毎に古今珍奇の美術品を取集め周囲に種々の賣店を設け時好に適う品々を陳列す」のオーバーな宣伝のもとに、日本初のエレベーターを備えた文化的で先端的な建築物とされているが、実際は新聞縦覧所、銘酒屋と称した迷路のような非合法の私娼窟の中心地に聳え立つ「魔塔」と称されて、怪しい街・浅草のシンボルであったのだ。更に明治四十一年には後に金龍館が建設される場所に観覧車が建てられていたのだが、この観覧車についても当初は家族連れで遊べる名所であったものの、次第に悪所の色に染まって行き、私娼たちが白昼堂々と観覧車の中で商売をするようになって、浅草六区は伏魔殿とも言われるようになるのである。

「あの十二階下の、狭苦しい薄暗い横町を、目をキョロキョロさせ乍ら、所謂紅燈緑酒を慕ふ『肉をあさる人』が、右に曲がり左に間誤つきして、張り切れさうな『青春』の悩みを持て余してをりました。亂酒と腐肉とキスの音と青春の歌の街千束……町はそれ自ら、享楽と飲酒とデカダンとに浸り切って蒼白く晴れ乍らあへいでをりました」

（「オペラ」大正十二年二月号）

明治後期から大正八、九年頃を全盛として、浅草六区周辺に巣食っていた私娼たちは吉原をも凌駕したという程の人数が流れてきていたとされているが、関東大震災で街全体が崩壊すると、私娼窟は隅田川の川向うの玉ノ井（現・東向島）へと移って、永井荷風の小説『墨東奇譚』の舞台ともなり新たな物語を生み出す訳である。

復興した浅草の街も盛り場らしく、早速色々な階級の人たちが集まり人間模様を繰り広げるようになって、この雑然とした中から浅草文学ともいえる『浅草紅団』（川端康成著）〔写真5〕、『浅草の姉妹』（川端康成著）、『エンコの六』（サトウ・ハチロー著）など一連の小説が誕生することとなる。

〽シネマを出ればみぞれ雨　いとし女の肩に降る
誰が泣くのか泣かすのか　クラリネットのすすり泣き
〽人は恋故くるくると　戯けたメリーゴーランド
誰が泣くのか泣かすのか　あわれ浅草夜が更ける

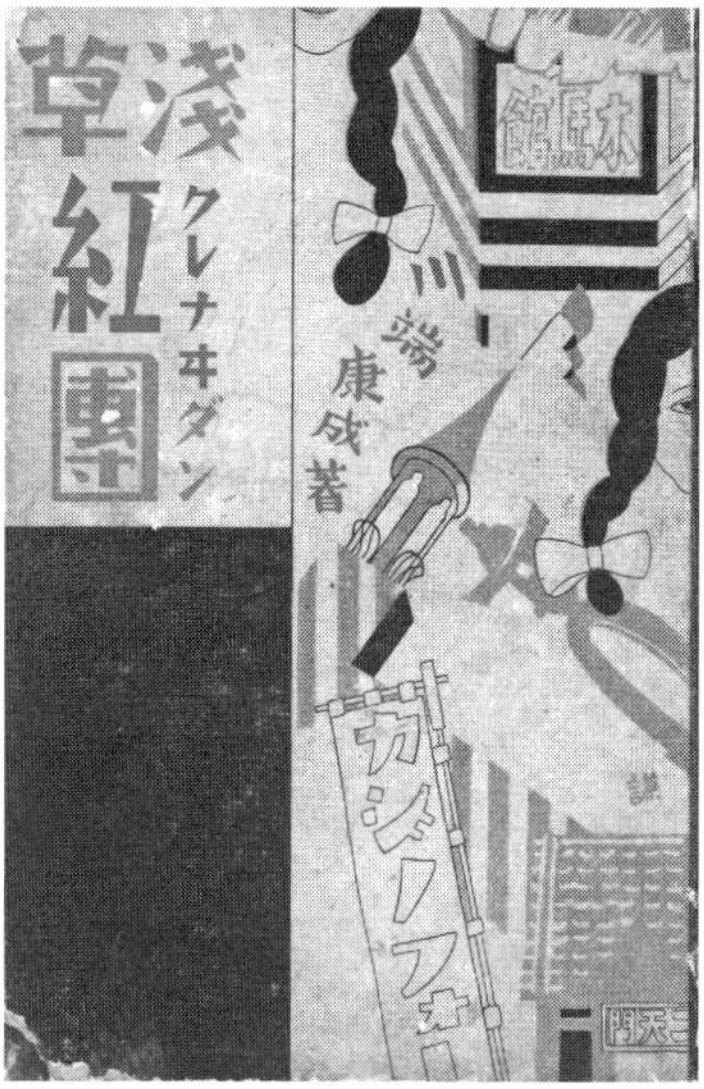

〔写真5〕　川端康成の問題作「浅草紅団」（前進社・昭和5年）のモダンな装丁。

昭和七年に映画主題歌として、ペラゴロ出身のサトウ・ハチローによる作詞、高木徳子の歌舞劇協会で楽長をしていたこともある近藤政二郎の作曲で発売された「浅草悲歌」の歌詞の一部である。モダンさと妖しさと哀愁を兼ね備えた浅草情緒が捉えられており、このような歌詞が浅草から生まれた時代であった。

現在では日本を代表する観光地として、また下町として、毒々しさからかけ離れつつある現在の浅草からは想像もつかない、明治・大正の姿であるが、このような妖しい紅燈の巷を擁し、色々な過去や現在を抱える人が集う浅草の街は「悪所」とされて、一般家庭からは敬遠されていたのである。

また女優の歴史も紐解いてみると、日本で初めての女優は川上貞奴とも、千歳米坡とも言われているが、明治の中頃から後期にかけて、「女優ばやり」の時代があったのである。そもそも「女優」という言葉は明治二十三年森鷗外が著した『舞姫』の中に、すでに登場しているということだけで、いつ誰が考え出したものなのかは、今のところわかっていない。日本に女優が存在しない明治二十三年に普通に使用されていたことを考えると、「彼の地では、女が演じる『女優』とやらが存在する」という事実が定着していたことは確かのようである。

いまや女優という存在は、タレントやコメディアンなどと一線を画して芸能界の中でも権威的で華やかな存在になっているが、その歴史の前半は「栄光の女優史」ではなく「女優哀史」、受難史そのものであった。まだ明治が明けて間もない頃、家父長制度が根強く、女は家を守ることを強いられ、良妻賢母を求められ、まさに男尊女卑の時代である。「女」であるというだけで不自由で、偏見に満ち溢れた時代に家族に背いて、芸人になり身を立てるというのは、とんでもない事態であり、世間から恰好の非難の的になっていったのである。いまや伝説となっている川上貞奴や松井須磨子に至っても「傲慢」「生意気」の代表格とされ、当時の世評のどれを確認してみても、手放しの礼賛記事はほとんど見つけることができない。

明治四十一年、帝国劇場の開場に先駆けて日本初の女優養成所「帝国女優養成所（のちに帝国劇場附属技芸学校）」が川上音二郎・貞奴夫妻によって開設され一期生十一人の生徒が募集に採用された。それまで芸界に身を投じる者は血縁者が芸人だった場合がほとんどであったが、帝国女優養成所に集まった生徒全員が良家の子女であり、中でも森律子〔写真6〕は代議士・森肇の娘で、舞台映えする華やかさが一段と目を引いた女優で、帝劇名物・女優劇のスターであった。ところが、女優になったということから母校の跡見高等女学校の名簿からは名前が抹殺され、更には、第一高等学校法科一年に在学していた弟・房吉が大正五年五月三日に神奈川県

〔写真6〕　女優の権威的存在で一目を置かれていた森律子（大正後期）。

の生麦にて鉄道自殺。自殺の原因が、その一カ月前に行われた一高記念祭に姉をゲストとして呼ぼうとしたところ、「学校が穢れる」と在学生たちから大きな反感を喰らったことによるものであった。当時の「女優」という存在がどのようなものだったか、如実に伝える悲しい事実である。その哀れな死を悼み、世間の偏見に対する怒りを覚えた芸能関係者が集って「弟會」も結成されたこともあった。明治から大正にかけての女優という存在は「際物」であり、芸者や遊女と並ぶ「醜業婦」と偏見され、多少の教養のある男たちの恰好の餌食でもあり、当時を代表するジャーナリストの青柳有美や松崎天民らによって多少のエロ味を含んだ女優論が繰り広げられていたのであった。

そんな時代、華々しく登場したオペラ女優が、性的な意味を含んで興味本位でもてはやされない筈はなく、案の定、帝劇女優も川上貞奴も松井須磨子も散々議論された挙句に飽きられていた大正中頃から、メディアを賑わせていった。すでに女優が定着し珍しくもなくなっていた時代に、何故、浅草オペラの女優ばかりが男たちの好奇の目にさらされていたのか。その答えの一つとして、それまでの女優は着物だったり、或は洋服姿であってもロングドレスを身に纏ったものばかりだったのが、浅草オペラの女優達はダンスをすることから、当時としては考えられないような露出度の高いドレスやタイツを着用するようになったことが挙げられるだろう。高木徳子や明石須磨子には腋毛も露わな悩殺ポーズのプロマイドや絵葉書が現存しているし、今村静子の大股を広げた挑発的な絵葉書も飛ぶように売れたという記述も見受けられる。また近年、NHKの連続ドラマで再び

〔写真7〕「赤玉ポートワイン」ポスターのモデルとなった当時の松島栄美子（大正10年頃）。

注目を浴びた、日本初のセミヌードポスターである「赤玉ポートワイン」のモデル・松島栄美子〔写真7〕は、当時、赤玉ポートワインが経営していた歌劇団・樂劇座に所属していた浅草オペラの人気女優である。当時の演芸雑誌（「花形」大正八年三月号）に「オペラ女優十二刻」吉岡鳥平という面白い記事が掲載されており、オペラ女優の一日を記したものであるが、ところどころにオペラ女優への偏見が見とれる興味深いものである。（一部を抜粋）

午前十二時　楽屋入り……女工にしては服装が良く、活動の女給にしては白粉の塗りが厚く、と言って淪落の女とも見えず、堅氣のお嬢さんとは尚更受け取れないと云ふのがオペラ女優の姿。

午後一時　扮装……相部屋の誰彼と冗談の末、朝夕見馴れた自分の顔をためつすがめつ穴のあく程よオく見た挙句に、カタトロを掌で溶いて悠々と顔を拵へにかゝる。

午後二時　舞台裏……天の女神が蜜柑を剥いたり、姫君が乞食からキャラメルを貰ったりして賑やかなこと。

午後三時　舞台……熱心になって藝術とやらの爲に奮闘するかと思ひきや、女優さん達状して身に沁みて藝はやらない。變な目つきをして浮気の種を四方へ蒔き散らしたり、悲劇の最中に舞台裏の連中と顔を見合わせて笑ったり。

午後四時　幕開きの合唱……煎餅を齧りながら舞台横へ行き、幕切れに出る連中やなんかと一緒になって聲を張り上げる。その幕に出ない御連中は楽屋着のしどけない格好。
午後五時　夕飯……一杯金何十銭のちらし鮨の御註文、淡泊して宜いとは丼か金か、それを云っちゃあ野暮。
午後六時　楽屋風呂……女は生理上月に幾日か汚れのあるもの、依って「女優は各自風呂を汚さぬやうに注意すること、係り」といふ掲示が有るとか、ないとか。
午後七時　交番掲示場……「交番掲示場」と赤い札のブラ下がった下に、次興行の役割が発表になる。それも碁盤目の表でなく、番附風に狂言と役割が一つづつ別の紙に書いて張り出されると、女優さん達その「交番掲示場」の下に集まっては姫君に役が付いて喜ぶやら、乞食婆が振られてしょげるやら。
午後八時　寫眞……女優の繪はがきも壯んに賣れて、中學生の教科書の栞となり、會社員の机を飾る豪勢さ、甚だしい男になると、女給に頼んで女優の部屋に買にやる。「澄子さん、寫眞を賣って貰ひたいってお金をよこしましたよ」「さう、またかえ、お前さんも知っての通り、此の間から、妾はお断りつゞけで、いくらいって來ても有りゃアしません。今手許にありませんからとさういって断って下さい。あたしの寫眞なら運動場の賣店に有りますから、賣店でお買ひ下さいってネ」「承知しました」と女給は歸って行ったが、またやって來て「是非あなたの手から戴きたいんださうです。賣店で賣ってるのでは仕方がないと云ひましたよ」と、是を聞いたその女優、どうです、あたしの人気はと云はぬばかりに空嘯いて、納まり返ったが、惜しいことに鼻が低い。
午後九時　面会……いつの間に汚い楽屋着を外出着に着替へ、乙う澄ました女優が現はれ、女給に教へられて男の後ろから「今晩は、お獨り、先夜は大變失禮しました」とシナを作って傍に寄る。その刹那に女の目と男の目とが二三遍ぐるぐるっと急廻轉をすると、その美しい女優も、當世風の男も、ぽっと姿を消すのが常であるとは女給君の欺むかざる實驗談。
午後十時　稽古……一日の舞臺勞働に身體を疲らし、家へ歸ってゆっくり手足を伸ばしたい所を、閉場ってから舞臺稽古、電車のなくなる事珍しからずと來ては厭にもならう。
午後十一時　招待……古い言葉でいうと贔屓、新しい熟語なら後援者に招待されて行くカッフェ。斯うして招待されるが儘に、電気眩きカッフェの一隅、憧憬者の若い男達に取り巻かれ、女王の如くに振舞って、ビイルの泡に若き日の歓喜を微笑んでは藝術を論ずる時が、オペラ女優としての誇りを最も痛切に感ずる時であらうか。煙の立った所に火は有るか、ないか、カッフェーを出た、十二時過ぎのオペラ女優は、どんなことをするか、僕の役目の内じゃない。

なんとなく意味深な言葉で締められているが、ゴシップ記事と取れる一方で、オペラ女優の生活を知ることの出来る貴重な記録だともいえる。

ここで、実際にどのようにスキャンダラスに取り上げられてきたのか、百年以上前の真偽不明なゴシップの数々を取り上げるのは悪趣味と自覚しつつも、当時の雰囲気を伝えるために記してみよう。日本オペラ界で一番最初のスキャンダルと言えば、明治時代から「自転車美人」と騒がれた柴田環（のちの三浦環）の奔放ぶりを取り上げた記事が最初であろうが、それは日本オペラ正史として、また別の機会に譲ることとして、のちの浅草オペラに関係する女優のスキャンダルで一番古いものとしては「環二世」と呼ばれた原信子の数々の事件が挙げられるだろう。

原信子は明治二十六年青森県八戸の生まれ。東京音楽学校在学中からその美貌と恵まれた才能が羨望の的となったのか、大正初年には嘘かホントか「水銀事件」なるものが新聞に素っぱ抜かれている。ことの発端は音

〔写真8〕 自らが経営するバーのカウンターに立つ丹いね子（昭和5年頃）。

楽学校の後輩である丹いね子〔写真8〕との関係から始まっている。丹いね子という人物は明治二十七年に東京京橋で生まれ、府立第一高女を卒業後に東京音楽学校声楽科に入学した女性である。そもそも二人は人も羨む大親友で、戦前の言葉でいえば「エス」（性的関係を含まぬ同性愛の一種、シスターの頭文字から取ったものであるが、当時としては珍しいものではない）の関係であったが、大正元年十二月五日、丹いね子が作曲家・本居長世の推薦を受けて、明治天皇崩御による哀悼歌を三光堂よりレコードに録音する話が持ち込まれたのを妬んで、原信子が丹いね子をフランス料理レストランに誘い出し、彼女の飲むペパーミントに水銀を注入するという事件が発生した、というのである。その後、丹いね子は咽喉をつぶし帝大病院に入院するが、あくまでも無実を訴える原は憤慨し、わずかな期間のうちに「丹いね子は千円相当の私のダイヤを盗んで売り飛ばし役者買をした」「丹いね子は若い大学生を相手に遊び歩いた末、酒におぼれて発病し目下入院中」など新聞社に垂れ込んで、関係は泥沼化。大正二年の春、やむなく退校せざるを得なくなった丹いね子は毎夕新聞に入社し、大正三年に発表した公開状「原信子氏に与ふ」を発端に、以後二十年近くに渡って原信子への悪評を流し続けて生活を送った物凄い女性である。原信子が松井須磨子らと雑誌「番紅花（さふらん）」を創刊させると、雑誌「婦人文藝」を作って対抗し日本唯一の雑誌社の女社長と名を売り、原信子が自らの音楽会を開くと、またもや対抗して音楽会を開き、更には自動車業を開業したり、歌劇団を創設すると言いながら話が纏まると蒸発してしまったり、澤田飛行中尉と恋愛関係にあった影響からか飛行家になると吹聴したものの怖気づいてそのままになってしまったり、築地や銀座に料理屋を開業してみたり、滅茶苦茶な行動は世間から変わり者扱いをされて、原信子への挑戦状にも説得力はなく、「掻き回し屋」「イカモノ」「へんな女」などの称号を奉られているが、その軽率な言動が当時のジャーナリストたちに受け入れられず、悪意をもって評されている部分もなきにしも非ずであろう。これが「水銀事件」の顛末で、多少浅草オペラからは話がそれたものの、原信子の名を一番最初に世に知らしめたのが歌手としての名声ではなく、世間を騒がすアノ原信子としての名前の方が大きかったというところが興味深い。一躍、「問題の女」として名を馳せた原信子であるが、大正二年の夏を過ぎた頃に東京音楽学校から退学処分を受け、その後、上海ビクトリアシアターにて初の海外公演を行っているのだが、同行した音楽教師Sとの関係を取り沙汰されたり、「前途有望なのぶが立派な淫売婦となって帰ってきやしないかと馬鹿に心配してゐる人もある」（「都新聞」大正二年九月二十二日付）と、活躍をおちょくる記事が掲載されている。その後も原信子は愛人だったローシーとの恋愛関係の悪化によってローシー歌劇団を脱退する際、諸々の件で訴訟を起こしたりしたが、結局、大正八年には「今の歌劇に愛想が尽きた」との手記を発表し、以後、終生浅草の地に戻って来ることはなかったのである。

そして、原信子と同様に、浅草出演以前にスキャンダラスに取り沙汰され、「問題の女」として名を挙げた女優に高木徳子がおり、大正三年にアメリカより帰朝し翌年には帝劇にて華々しく帰朝公演を行い脚光を浴びたのだが、以前よりヒステリーの持病を持っていた徳子と異常性格だったとされているマネージャーの夫との関係が悪化したことによって、大正五年には徳子の一方的な主張で離婚訴訟を起こし世間を騒がせている。男尊女卑の時代、徳子は奔放で生意気な女として世間から非難を受け、裁判にも敗訴。失意の最中、追い打ちをかけるかのように、興行がらみで夫からの嫌がらせまで受けて、次第に徳子は病んでいくようになり、弟子たちにも強く当たりちらすこともしばしばだったようである。そのために弟子や周囲を取り巻く人々も、目まぐるしく変わっていったが、大正七年十一月には松竹合名社が夫への手切れ金三千円を肩代わりすることによって離婚が成立。歓びも束の間、改名披露公演を行っていた大正八年三月に二十八歳の生涯を閉じることとなった。更に詳しい徳子の活動については別項で述べているので参照されたい。

以上が、浅草オペラ以前に大きく取り沙汰された原信子や高木徳子のスキャンダルであるが、原は浅草オペラの全盛期には日本にいなかったり、高木はこの世にいなかったりするのだが、浅草オペラの方向性や在り方を決定づけた先達者として、見逃すことはできないだろう。そして、その後、浅草オペラの全盛期に差し掛かり、オペラの素養のない有名無名の浅草生え抜きのローカル女優が湧いたように誕生すると、一般的な知名度は低くなり、スキャンダルの規模も一般新聞から二流のゴシップ雑誌程度へと小さくなり、中身は箸にも棒にも掛からぬような、エロ味を存分に含んだくだらないものになっていくのである。浅草では絶大な人気を誇った河合澄子〔写真9〕クラスでさえ、一般紙に大々的に素っぱ抜かれることはなく、せいぜい規模の小さい雑誌に

「浮かぶ瀬なき＝河合澄子」（「新時代」大正八年九月号）

「澄子から彼の張りのある潤んだ眼と紅い肉感的な唇と男を蕩らす手管を差し引いたなら、果たしてなにが残るであろうか。（略）彼女は無学で驕慢で淫蕩である。此頃何處か大森邊で淫賣婦の群に入っているそうなが、オペラ女優等とは以ての外は潜上沙汰、娼婦は彼女の先天的性向で所謂はまり役である」

などと書かれる程度で、やはり原信子と高木徳子などは帝国劇場に主演したことが箔になっているのか、ここまで見下した扱いでないことに気が付くのである。大正八年になると浅草オペラの知名度が全国区になったとみえて、相次いでオペラ雑誌が創刊、関係書籍が出版され、また僅かではあるがレコード録音も行われ始めて

下は――「人形」といふ踊り。愉快な旋律につれて踊る、極く無邪氣な踊りなのである。澤マセロと澤モリノ。

上は――これぞ悩しいハワイ土産、フラ〳〵ダンスである。何んと悩しきことよ。河合澄子が豐艶な肉體を露はし、そうし　臀部の筋肉をブル〳〵ふるはすのである。で、とどのつまり、その筋からのお達しで上演禁止とは、あれさあ助からない。

〔写真9〕「ハワイみやげ　フラフラ・ダンス」（大正13年秋上演）。河合澄子の行き過ぎたエロ振りが問題となって上演禁止となった作品である。腋毛も露わに踊る河合澄子に当時の観客は度胆を抜かれたのだろうか。

いる。当時の雑誌類を確認してみると、悪意と思慕の念が入り混じったような質の悪い低級記事のエスカレートが目立ってくるのであるが、手元にある当時のオペラ雑誌から目につくような変な記事をいくつか拾ってみよう。

「合唱組で特に一人だけ異彩を放ち将来に望を属されて居る谷崎歳子、惜しいことには前歯が一本抜けて居る。安物の入歯では歌ふ度にグラついて仕方がない」（「オペラ」大正九年十月号）

「紅涙史・衣笠みどりの生涯（著者注・実際は死んでいない）」（「オペラ」大正十年三月号）

「女優ＭＭ（著者注・松木みどり?）の淫蕩放堕はかなり古い事だ、最近は又幾人目かの異性としてＴＫ（著者注・北村猛夫?）という若い美しいダンサーが選ばれている」（「歌舞」大正十一年七月号）

「安藤文子もアノ脂肪分のある肉體では迚も性に對して冷静にすることが出来ない女である。横から這入って来た木村時子に負けてはならないと焦ったものであったが、遂に妖婦木村時子に横取りされたものであった」（「オペラ」大正十二年九月号）

「戀の相手徳子を失った伊庭孝、近ごろ織田信長を定め込んでゐる、當の蘭丸は両性を以て定評ある澤マセロといふ美少年とは」（「オペラ」大正八年九月号）

また雑誌「オペラ」大正九年十一月号には当時のオペラ女優のイメージをそのまま写したといえる、「発展女優の圖」〔写真10〕という面白いイラストも掲載されており、派手な着物の女優の髪飾りの部分には「某大学生より贈られしもの（但しレターの返事を出したる故）」、胸元のブローチには「ペラゴロにねだって買はせしもの（但し寫眞にサインしてやったり）」、オペラバックには「株屋の爺んが呉れしもの（但し一晩労働させられたり）」、「着物は××の倅に三日運動して買はせたり（但し同席して寫眞を二度まで撮らされたり）」という注釈が書き込まれている。

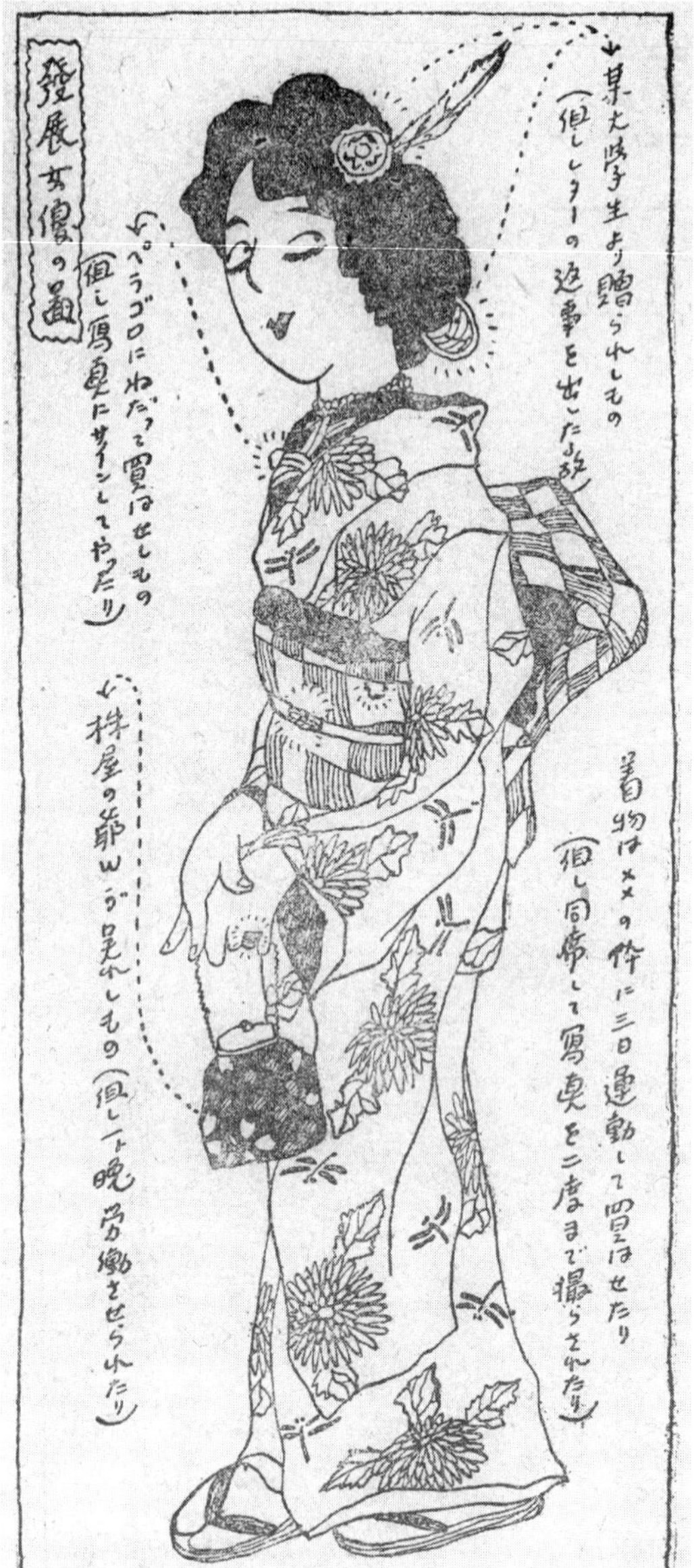

〔写真10〕「発展女優の圖」

いつの時代も憧れの女優の赤裸々なプライベートな部分に興味を引かれるのか、しかもそのほとんどが「淫蕩」だとか「淫猥」などの言葉と共に登場する。それは浅草オペラの在り方にとっては大変重要なことであり、露出度の高いドレス等を着用することから好奇の目で見られたという視覚からの情報のほか、舞台に出演している一見何も知らなそうな人気女優は裏では……というような想像を掻き立てて、青年ペラゴロが悶々とし、教育上よくない、風紀上よくない、低級だ、ということになっていくのである。この考えは昭和初期のエロ・グロ・ナンセンス路線に直結するので、その時代の先駆けとも言える。しかしこれらの想像を掻き立て、男心をそそるような記事や、舞台でのタイツ姿も次第に飽きられて、浅草オペラは凋落。オペラが浅草で興行された当初は、それでも庶民の手に届きやすくなった西洋の雰囲気や芸術味を求めてオペラを観劇していた純粋なファンも多く存在したが、そのような客たちはオペラが堕落するに連れて次第に浅草から離れて行き、「オペラとはくだらないもの」と評価するようになる。そして浅草オペラも全盛期を過ぎた頃になると、凋落しつつあるオペラ界の改革への議論と共に、オペラ女優達の淫蕩生活の根源は生活難にあると指摘されるようになり、各オペラ雑誌での特集も組まれるようになる。大正十二年頃の根岸歌劇団では、現在でも音楽史に名を刻むような田谷力三や清水金太郎などの大幹部を除いて、相当な人気を集めていた中幹部あたりでも月給は百円ほどで、コーラスになると月給二十〜三十円ほどだったと当時の雑誌は伝えている。当時の貨幣価値は中々わかりにくいが、浅草周辺で六畳間を間借りするのに月に大体二十円ほどが相場だったという時代なので百円が衣食住の全てを賄える額ではなかったことが伺えるし、実際、根岸歌劇団の幹部であった藤村梧朗、黒木憲三、栗原重一らでさえも向島の借家で共同生活を営んでいたのである。オペラ界では一流ともいえる根岸歌劇団でこの有り様だったので、地方回りの歌劇団ではどんなに惨めなことだったか想像に難くはないだろう。この時期にオペラ俳優をはじめ管弦楽主らも含めた関係者の賃金値上げが叫ばれつつあったことが、（関東大震災のために全ては無になってしまったが）浅草演芸界の賃金の安さと労働条件の悪さの伝統に一石を投じた、昭和八年六月の松竹楽劇部生徒による待遇改善のストライキ「桃色争議」に繋がったといえるのではないだろうか。

　また浅草オペラ関係として最高にスキャンダラスに報じられたのが「大岡山女優殺人事件」であろう。それは大正十四年九月五日のこと。荏原郡碑衾町（現・目黒区）大岡山に居を構えていた女優・中山歌子宅で、妹で同じく女優の中山愛子（縫子）とその夫、また中山歌子の養女（九歳）が絞殺されるという事件が発生したのであった。主人の中山歌子は明治二十六年十一月東京麹町の生まれ、帝国劇場歌劇部一期生の出身で、面長の日本的な美貌と芸の熱心さが一際目立つ存在であった。この頃、同じ歌劇部のオペラ歌手・松山芳野里（一八九一～一九七四）と婚姻関係にあったこともあるが、大正四年に松山が渡米したことにより離婚。その後、新劇の世界に転身したり、一時は新星歌舞劇団に所属していたこともあったが、大正八年一月五日に芸術座「カルメン」上演中に松井須磨子が自殺すると、その代役としてカルメンを演じており〔写真11〕、中山晋平作曲の一連のオリジナル挿入歌「戀の鳥」「煙草のめのめ」「酒場の唄」「別れの唄」「花園の戀」をレコードに録音しヒットもさせている。歌よし、演技よし、美貌にも恵まれた新劇女優として地位を築いていたが、大正九年には日本活動写真株式会社（日活）の初めての映画女優として『朝日さす前』に主演（尚、現在、日活で現存する最古の映画は大正十一年に封切られた中山歌子主演の『二人静』という作品であ

〔写真11〕 自殺した松井須磨子の代役として、芸術座の「カルメン」で主役を演じる中山歌子（大正８年）。

る)、現代劇部の専属女優として続々と主演作を増やしつつあったが、女王然とした性格が他の俳優たちから強い反発を受け、大正十二年にはフランスへ留学するという口実のもとに映画界から身を引くこととなった。その後、岩間百合子らと共に旭歌劇団に参加しオペラ女優として返り咲いていた矢先、関東大震災のためにフランス留学の夢が断たれてしまうと、運は悪い方へと暗転していき疲労が重なって肺を患い喀血。芸能生活は中止せざるを得なくなり、自宅と鎌倉の療養所を行き来するだけの生活を送っていた最中の事件であった。また殺害された中山愛子も、浅草オペラ時代には旭少女歌劇団に在籍して中山縫子を名乗っており、姉と共に日活の女優として映画に出演しながらも映画館の陰唄歌手などを行うという経歴を持っていた。当の中山歌子は療養所で静養生活を送っていたため、家を不在にしていたのが不幸中の幸いだった。この事件は歴史が浅かった映画史上最大の社会的事件として大々的に報じられているが、その後、犯人の逮捕、犯人の獄死、昭和三年には別の事件で逮捕された男二人組が大岡山女優殺人事件への関与を供述したことによって状況は一転。再び新聞紙面を騒がせた。事件直後から中山歌子は一人生き残ったことを苦痛に思う生活を送っており、宗教にすがりつき体調を崩して大正十五年九月頃には危篤の噂が立つほどの暗い生活を送っている頃に失意のままこの世を去ったと言われている。浅草オペラと直接的に関係のある事件ではないが、帝劇オペラから浅草オペラ時代に得た名声によって被害を被った、スターの宿命ともいうべき悲惨な事件であった。

その他、浅草オペラ関係者の社会的事件は殆ど確認できないが、大正十四年五月に新進映画監督であった後の巨匠・溝口健二が、半同棲のような関係であった雇女（やとな＝関西地方特有の娼婦の呼び方）に剃刀で背中を切りつけられる事件が発生。この事件を起こしたのが元オペラ女優だった一條百合子という女なのであるが、オペラ史に名を刻むような女優ではなく流浪の小さい旅劇団にでも所属していたのだろうと推測が出来るのみで、経歴の詳細は不明である。ちなみに昭和二年に結婚した溝口健二夫人の嵯峨千枝子は、震災直後に行われた根岸歌劇団の関西興行のプログラムに名前を確認できる元オペラ女優であり、結婚当時は京都でダンスホールのダンサーをしていたという。中山歌子はスター故に巻き込まれた宿命的事件であり、また一條百合子にしろ嵯峨千枝子にしろ、関東大震災によって東京を去り、好景気の関西地方でダンサーや娼婦に身を落とし、いつしか姿を消していくという、貧しいコーラスガールの典型的な末路を辿ったと言えるだろう。

ここで大正時代に演歌師らによって巷で唄われた「オペラ・ソング」という流行歌を紹介してみたい。やたらと歌詞の数が多いのであるが、オペラ女優の虚栄と転落を唄った大正時代ならではのヒットソングとして興味深いものである。メロディーは同時代に広く歌われた「ばらの唄」（〽小さい鉢の花ばらが）を拝借したもので、歌詞中に度々「妾し」という言葉が出てくるが「わたし」と読んでいただきたい。

①モーター飛ばして行く人は　あれはオペラのマドンナよ　指にダイヤの指輪はめ　ネックレースや首飾り

②同じ女の妾しが　しかも美人とあるものが　女優にならずに何とせう　妾しゃ未来のスターなの

③妾しゃカフェーのウエトレス　今じゃオペラの二期生よ　前髪分けて女優髷　これが理想のスタイルよ

④朝な夕なに白粉よ　クリムポマード香水よ　懐中鏡よ姿見と　鏡なくては夜も明けぬ

⑤二日二夜のお稽古で　明日は立つのよ初舞台　スパンシなんどと跳ね廻る　浮かれ浮気の女優さん

⑥如何に妾しは嬉しいわ　拍手の音が響いてよ　妾し夢中で踊ってよ　妾しは夢中で唄ったの

⑦さがる舞台に美しい　ダリヤの花が届いてよ　燃ゆる思いの花束よ　贈ったお主に逢ひたいわ

⑧もし花束よダリヤさん　何故にあなたは物言はぬ　何故に一言妾しに　贈ったお方の名を言はぬ

⑨あゝ戀しいよ花の主　明日の舞台に立つ時に　真紅のダリヤの一輪を　胸にかざして踊りましょ
⑩月影暗き日比谷にて　焦がれし君の御姿を　夢に浮かべて今日もまた　待っているよとラブレター
⑪逢ひたく思ふは山々よ　だけど人目は恐いこと　ラブは闇路よヱゝ儘よ　逢ひに行きましょあの方に
⑫貴女が女優の澄子さん　私はヒューチャの成金よ　株で成功の暁は　スヰートホームを作りませう
⑬あなたがダリヤのお主なの　ひと目あの花見た時に　胸にラブてふ火が燃えて　妾し毎日泣いてゝよ
⑭ラブとラブとの胸の裡　今日ぞ晴れたる嬉しさよ　お日さんが西から出るとても　二人の愛にとこしえに
⑮妾し指輪が欲しいのよ　二十四金のパール入り　買って頂戴三越で　明日の休みにネーあなた
⑯モーター飛ばして行きませう　あなたフロック鼻眼鏡　妾しゃ洋服ボンネット　なんと似合ひの夫婦だわ
⑰明日は日比谷のコンサート　今日は帝劇レートデー　避暑よ避寒よ温泉よ　夜も日も足らぬ歓楽に
⑱夢の中なる歓びも　早も醒めたり秋の風　スヰートハートの其の人は　他にワイフのある方よ
⑲男心と秋の空　いつの世からの習慣ぞ　怨み怨むはもう遅い　儘よ舞台に返り咲き
⑳然し都はもう厭よ　吹く涼風と諸共に　花の都を後にして　流れ流れの旅役者
㉑風は冷たい旅の宿　昔思へば何となう　熱い涙がほろほろと　白い頬べに流れてよ
㉒流れ流れて行く先は　満州朝鮮シベリヤよ　昼は踊りて夜は唄い　行くて定めぬ波枕

フォトコラム２「浅草オペラの出版物」

浅草でオペラの人気が爆発すると浅草オペラに関する出版物が発行されるようになり、雑誌「オペラ」「歌舞」「オペラ評論」などの専門誌の他にも、オペラ俳優のプロフィールを記した名鑑や番付、楽譜や台本なども発売されている。またオペラの人気ナンバーの歌詞を集めた歌本などは一般にも広く親しまれ、流行唄ファンたちの必需品となった。しかし、これらの出版物は元々の発行数が少なかったことと主に都市部を中心に販売されたことから震災や戦災にて焼失。現在、市場に出回ることは極稀である。

雑誌「オペラ」（大正 12 年 9 月号）。震災前最後の号と思われる。

雑誌「オペラ」（大正 14 年新年号）。競合していた雑誌「歌舞」は震災と共に廃刊しているが、意外にも「オペラ」は後々まで刊行され続けている。表紙は河合澄子である。

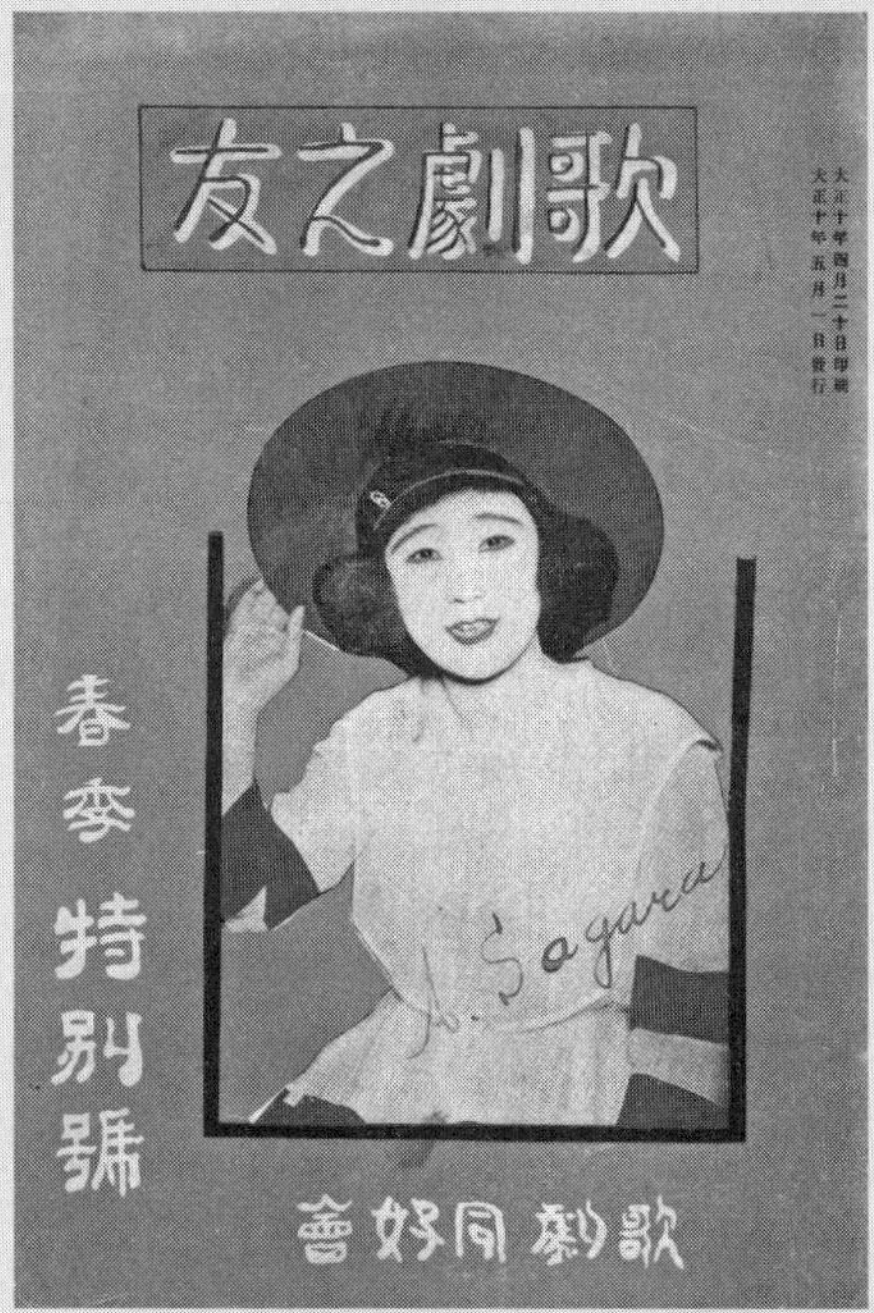

左：雑誌「オペラ」（大正 10 年 3 月号）。表紙は岩間百合子。

右上：雑誌「歌劇之友」（大正 10 年春季号）。名古屋にも熱烈なペラゴロ一派が存在し、青柳有美や歌劇俳優たちの寄稿を得て発行されていた同人誌。今では殆ど古書市場に出回ることはないが、当時はこのような同人誌が沢山あったと思われる。表紙は相良愛子。

右下：雑誌「歌舞」（大正 11 年 7 月号）。出版社の歌舞社社長・藤山宗利は写真が趣味だったことから、特撮のグラビア写真がどれも素晴らしく、貴重な記録となっている。

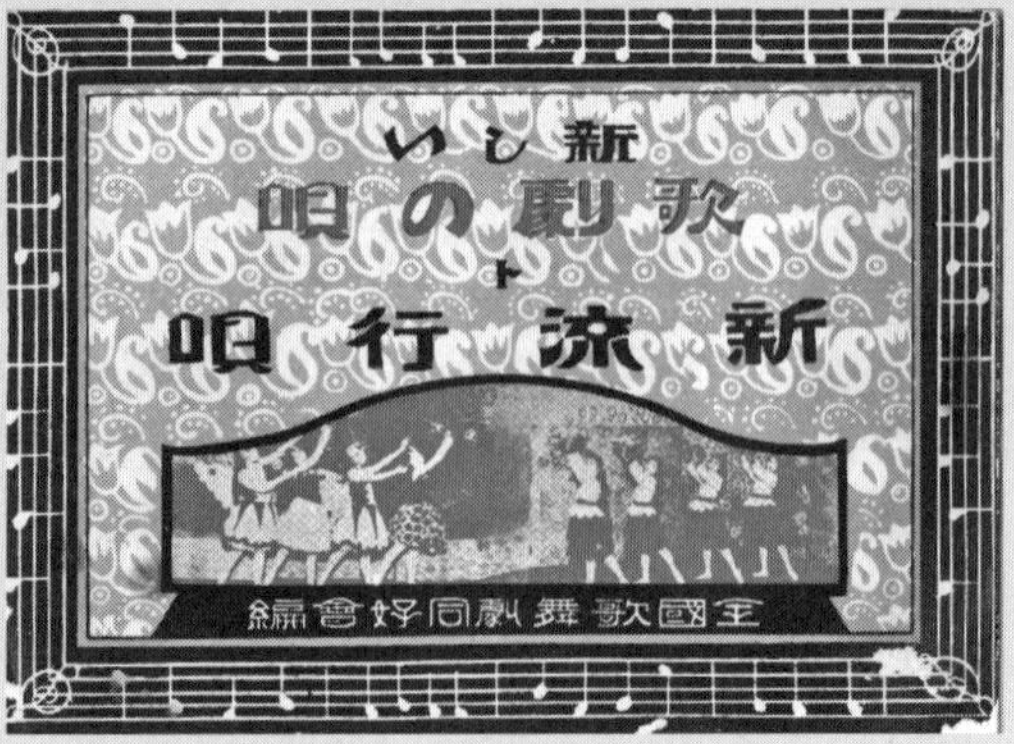

右上：大正時代に巷間で販売された歌本（大正11年）。収録されているのは当時流行していた「鴨緑江節」と「安来節」であるが、表紙に使用されているのは相良愛子。プロマイドを無断で転用したものである。

左：浅草オペラの人気作「おってくさん」の楽譜（大正7年）。山野楽器より出版されており、一際目を引く表紙を描いたのはオペラ作者の佐々紅華である。

右下：大正後期にはオペラの歌詞を集めた歌本が続々と発行されており、夜店などに並ぶ安価本であったが、今となっては当時の庶民の生活を知ることのできる貴重な記録となっている。写真は大正13年に大阪で刊行された歌本。

3 大正文化とお伽歌劇

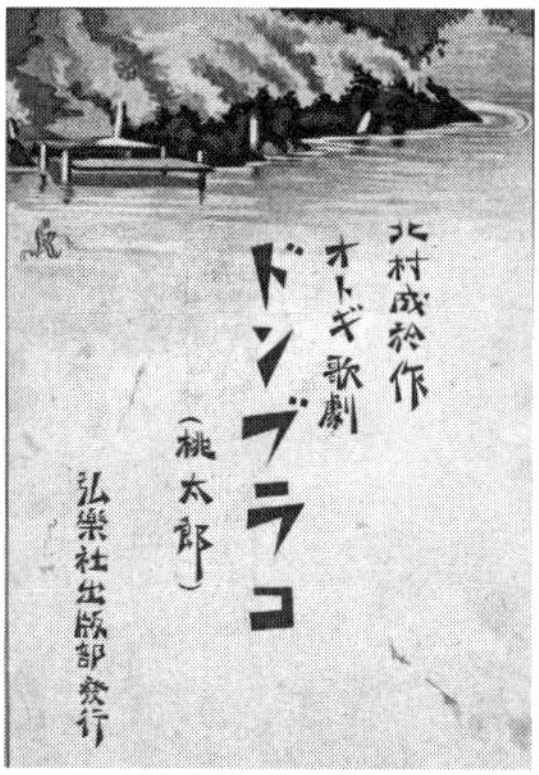

右：〔写真 1〕 明治 44 年に出版された「ドンブラコ」の楽譜。価格が 1 円 50 銭ということで、当時としてはかなり高価だったといえる。
左：〔写真 2〕 大正 2 年に発売された「ドンブラコ」のレコードレーベル。作者である北村季晴らが演じているバージョンである。

浅草オペラの歴史を辿っていくなかで、「お伽歌劇」はかなり重要なキーワードとなってくる。そもそもお伽歌劇というものは、文明開化の影響のもと、児童教育が確立されつつある時代背景のなかで、明治時代の後期に北村季晴によって製作された「ドンブラコ」（桃太郎）〔写真1〕が嚆矢とされている。現在では大正三年四月に行われた宝塚歌劇の第一回公演の演目の一つとして上演されたことで知られているが、元々「ドンブラコ」は少年雑誌の愛読者大会のために製作されたとされており、明治四十五年五月、歌舞伎座で開催された「東京連合大音楽会」にて初演された。また大正二年には作者である北村季晴と初子夫人、帝劇オーケストラによって日本蓄音器商会でレコード化され〔写真2〕、明治四十五年に初版発売された楽譜も大正中期以降まで版を重ねていることから、一般に広く普及していたことを伺い知ることができる。また宝塚歌劇第二回公演で上演さ

〔写真3〕 宝塚少女歌劇団「音楽カフェー」（大正3年10月上演）。1期生と2期生による上演で、初期の傑作とされている作品である。

れた「浮かれ達磨」（本居長世・作）も「ドンブラコ」同様に、教材的な意味を多分に含んでおり、これが当初のお伽歌劇の在り方であった。

いまや日本を代表する劇団となり創設百周年も迎えた宝塚歌劇（宝塚少女歌劇）は大正三年四月に初公演を行う前、大正二年七月に宝塚唱歌隊として組織され一期生十六人（高峰妙子、雄山艶子、外山咲子、由良道子、八十島楫子、雲井浪子、秋田衣子、関守須磨子、三室錦子、小倉みゆき、大江文子、松浦もしほ、三好小夜子、筑波峰子、若菜君子、逢坂関子）、その後に二期生四人（瀧川末子、篠原浅茅、人見八重子、吉野雪子）を募って宝塚少女歌劇養成会として出発。音楽の指導者として安藤弘、安藤ちゑ子、高木和夫、振付師として高尾楓蔭、久松一聲らが各方面から招聘されて、当時としてはかなり高度とされていた三部合唱やピアノ、バイオリン、マンドリンの演奏、日舞に洋舞などを修得し、当時は「たゞでみられる」のキャッチコピーの通りに観劇料は無料で一日三回上演。興行は正月、春、夏、秋の四回公演というのんびりしたものであった〔写真3〕。また当時は歌劇を上演する前に生徒によるオーケストラ演奏が用意されており、ピアノは筑波峰子、第一バイオリンは高峰妙子など、それぞれのパートで楽器演奏を披露したのであるが、歌劇上演中の演奏も出番のない生徒たちによって行われていたことから、舞台裏では舞台とオーケストラボックスを行き来する生徒で慌ただしかったと言われている。初公演であった「ドンブラコ」は新聞広告の掲載があったためか非常な評判を呼んだらしく、出演者が大阪の街へ買い物に出ると、子供たちに「桃太郎だ！」と取り囲まれて大変な騒ぎとなったという話も残っている。そして、まだまだ専属の作者が乏しかった初期の頃は創設者である阪急電鉄社長の小林一三が自ら歌劇作家として筆を執っており「紅葉狩」（大正三年十月）、「兎の春」（大正四年一月）、「雛祭」（大正四年五月）などの最初期のお伽歌劇から、「桃色鸚鵡」（大正六年七月）、「夜の巷」（大正六年八月）などのヒット作も生んでいる。小林自身はお伽歌劇という言葉を使用していないが、

「徒らに、西洋の音律そのまゝの歌詞を、生硬に、聴かせるといふ様な不自然なことを避けて、つとめて日本的に、學校で習った唱歌が、假に楷書であるものとすれば、これを軟く、行書、草書位にくだいて、親しみやすく唄はせる、直に共鳴し得る程度の歌と、西洋のダンスと日本の踊との調和すべき一致點を見逃さぬだけの注意が、餘りボロを出さなくて、巧に劇化されて喜ばれて居るものと思ひます。（略）これから先に此日本的歌劇　私はオペラと言ひ度くないのです。オペラといふと、直に西洋のお話が出て、大分理窟が六ヶ敷なりますから、兎に角日本の歌劇と言ひませう。この歌劇が果たしてどういふ工合に發達すべきや、進歩すべきや。」

（『宝塚少女歌劇帝国劇場上演脚本集』大正七年）

と自らの日本的歌劇（お伽歌劇）論を繰り広げている。この頃のスターには一期生の男役で「ドンブラコ」に於いては桃太郎を演じたソプラノの名手・高峰妙子（一八九九〜一九八〇）、芸達者であった美系の娘役で教師

〔写真4〕 天津乙女（大正14年頃）。

の坪内士行と結婚したことによって話題を振りまいた雲井浪子（一九〇一～二〇〇三）、宝塚随一の美貌の持ち主といわれ歌唱力にも定評のあった篠原浅茅（一八九八～?）を筆頭に、三枚目を得意とし後に宝塚歌劇理事となる神代錦の姉・高砂松子（一九〇〇～?）、天才的な技量で他を圧倒した初代・瀧川末子（一九〇一～?）などがおり、また日舞の名手にして後に「宝塚の至宝」とまで言われ、宝塚歌劇理事長となる天津乙女（一九〇五～一九八〇）〔写真4〕は大正七年に東京から生徒を募った際に採用され、数々のお伽歌劇の舞台を踏んだ経歴の持ち主である。一歩ずつではあるが関西地区の片隅から確実にお伽歌劇文化を発信していったのである。また、現在もタカラヅカ賛歌として歌い継がれている白井鉄造作のレビュー「パリゼット」内で唄われた挿入歌「TAKARAZUKA（おゝ宝塚）」（白井鉄造作詞）の、殆ど歌われなくなった二番目の歌詞「〽朱塗りの反り橋長い廊下、三人猟師、落ちた雷、忘れ得ぬ昔の思い出よ……」は、ただ歌詞を読むだけでは何の意味かさっぱりわからないが、お伽歌劇時代の名作である「三人猟師」（大正四年十月）、「落ちた雷」＝「小町踊」（大正七年八月）を歌ったものである。

このように、まだまだローカルな存在であった宝塚歌劇の誕生によってお伽歌劇が定期的に公演されるようになると、ようやく根付き始めたレコード業界によってレコード用に製作されたお伽歌劇が続々と発売されるようになり、一般家庭の娯楽として受け入れられるようになるのだが、その初期の代表的な作品として挙げられるのが「目無し達磨」（東京四六〇／四六一）〔写真5〕である。「目無し達磨」は大正四年当時、東京蓄音器株式

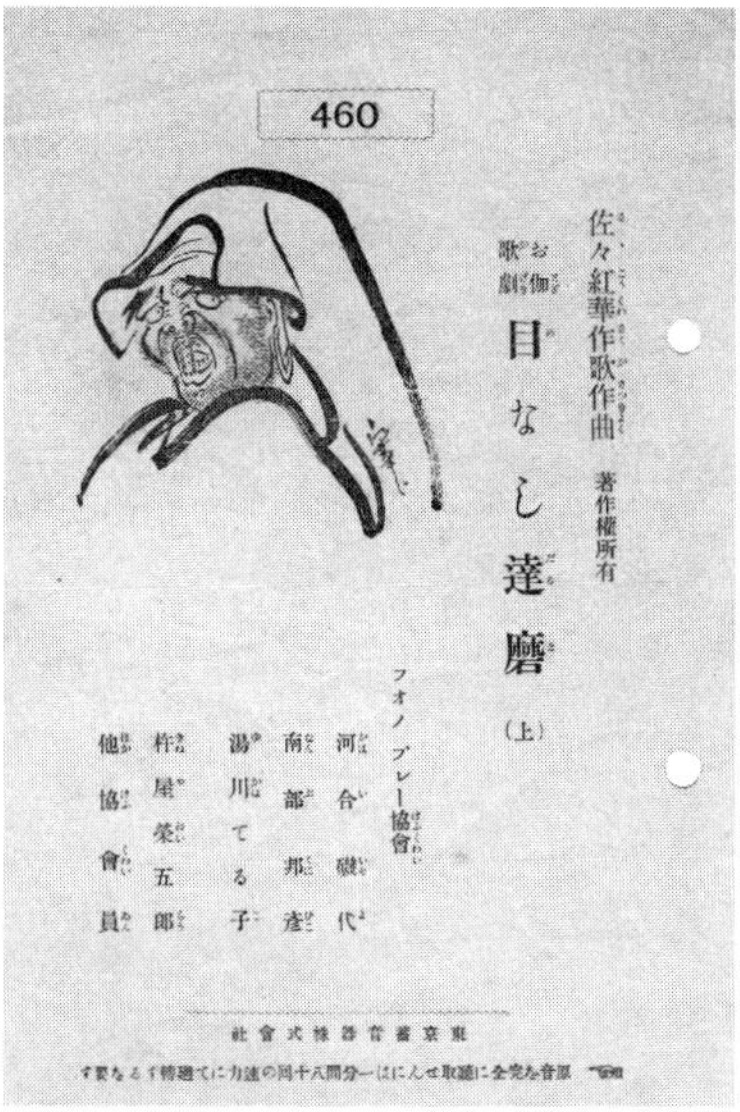

右：〔写真5〕東京蓄音器株式会社で発売されたレコード「目無し達磨」の歌詞カード。表紙の達磨絵は佐々紅華の筆によるものである。
左：〔写真6〕「音楽カフェー」のレコードレーベル。大正4年11月の発売で、宝塚歌劇で一番最初に発売されたレコードとされている。

会社で文芸部長を務めていた佐々紅華の手によって製作されたもので、レコードで演じたのがフォノプレー協会と称した団体であった。このフォノプレー協会の実態ははっきりしないが、少なくとも帝劇歌劇部の抜粋メンバーで編成されており、達磨役を南部邦彦、女の子役を湯川照子、河合磯代（山田耕筰夫人）が演じ、後には文部省の推薦も受けたことから一般にも広く普及し、お伽歌劇レコードブームの火付け役となった。尚この後、東京蓄音器株式会社ではフォノプレー協会が演じる佐々紅華作のお伽歌劇レコードを続々と発売しているのだが、同じフォノプレー協会名義でも毎回帝劇歌劇部の同じメンバーによる録音ではなく、演者は入れ替わっているようである。また宝塚少女歌劇も大正四年十一月には初めてのレコード「音楽カフェー／平和の女神」（オリエント五二九・五三〇）〔写真6〕を東洋蓄音器合資会社より発売していることも付け足しておく。

　ここで佐々紅華がお伽歌劇の製作に大きく関わっていたことが、後の浅草オペラのレパートリーにお伽歌劇が取り入れられた重要なポイントになるといっていいだろう。

　大正六年十月には佐々紅華や舞踊家の石井漠らを中心とした東京歌劇座が日本館で組織されると、第一回公演で大好評を得た「カフェーの夜」「女軍出征」に引き続いて、二の替わりで「目無し達磨」が上演され評判を呼び、更に三の替わりでも「ビリケンとキューピー」というお伽歌劇も上演されており、石井漠の新舞踊などと共に上演されていた点だけをみても、いかに重要なレパートリーだったかがおわかりいただけるだろう。また翌年には宝塚少女歌劇を意識して旭少女歌劇団が旗揚げされたことによって日本館は東京のお伽歌劇の聖地ともいえる劇場（実際には劇場ではなく観物場）となっていくのであるが、この旭少女歌劇団については別項で詳述しているので、ここでは省略する。

そして、この旭少女歌劇団には宝塚少女歌劇団に協力していたことのある西本朝春が舞台監督として在籍していたことから、書き下ろしの新作の他にも、宝塚歌劇で上演され初期の傑作として評判の高かった「ベニスの夕」（西本朝春・作）や、「雛祭」（小林一三・作、高木和夫・作曲）を「桃節句」、「小町踊（七夕踊）」（楳茂都陸平・作、原田潤・作曲）を「七夕音頭」と改題して上演された記録も残っている。平均十七、八歳の少女優達の可憐な舞台姿を、観客たちはセンセーショナルに受け入れて、浅草オペラの隆盛に花を添えた訳であるが、一方、宝塚歌劇は大正七年五月、帝国劇場にて初の東京公演が実現し、一等席が三円五十銭という超高額な観劇料だっ

〔写真7〕　宝塚少女歌劇が帝劇公演のために上京した際、東京駅で撮影されたもの。洋装しているのは一期生の高峰妙子で、他にも高砂松子や天津乙女の姿も確認できる（大正11年）。

〔写真8〕 羽田別荘藝妓歌劇団「酒の匂い」(大正10年頃)。浅草オペラの関係者を招聘したことで立派な舞台を作り上げていたことがわかる。昭和に入ってからはレビュー劇団に転向し「ハダカゲキ」と名乗ってエロ味溢れる作品を上演した。

たにもかかわらず大入り満員の大成功を収めたために全国区となり〔写真7〕、東伏見宮・閑院宮両妃殿下が参席する婦人教育会にて初の御前上演を果たすことにもなった。また帝劇歌劇部出身で浅草に出演しないことを誇りとしていた岸田辰弥、花房しづ子らのグループは、明治時代からお伽劇を積極的に取り入れていた有楽座にて「子供デー」と称してお伽歌劇を上演している。

その他にも、大正七年十二月には竹内平吉を管弦楽長、オペラ作家の獏与太平を舞台監督、オペラ俳優の浅井豊を演技部長として招聘し、所属する団員は全て芸者で組織された広島の羽田別荘藝妓歌劇団(羽田別荘少女歌劇団)〔写真8〕が旗揚げされており、広島寿座で行われた第一回公演ではお伽劇「人形の復活」、喜歌劇「港の歌」、お伽劇「夢の国」、歌劇「クレオパトラ」、歌劇「宮島譚」、喜歌劇「カフェーの縁」という盛り沢山のプログラムで公演されている。この公演が成功したことによって非常な好評をもってオペラ界から迎え入れられ、一躍、地方での少女歌劇ブームに先鞭をつけると、宝塚と同じく温泉地の余興から出発した日本少女歌劇団、浪華少女歌劇、鶴見の花月園少女歌劇、大和屋少女歌舞連、市岡

〔写真9〕 昭和2年に白眉社から発行された「茶目子の一日」の楽譜。大正時代に子供時代を送った多くの人たちが「茶目子の一日」に思い出を抱いており、宝塚歌劇の黄金期を支えたスター葦原邦子も、その1人であった。

〔写真10〕 大正中期に発売された、お伽歌劇「鼠の縁談」のレコードレーベル。黒田達人、藤村梧朗、神山仙子、岡本百合子という、かなり珍しい顔ぶれである。

〔写真11〕 お伽歌劇「カナリヤ」レコードレーベル。佐々紅華の作かは不明だが、「根岸歌劇団」の名が記載されている。

少女歌劇、甲陽少女歌劇団（大正十二年創設）、大濱少女歌劇団（大正十二年創設）、日本はもとより台湾にまで高砂オペラという少女歌劇ができたというのだから物凄い勢いである。教材としての存在から商業用に派生して、全国的にお伽歌劇時代が訪れたのであった。舞台で上演されるお伽歌劇の他にもレコード用のお伽歌劇も各社で製作され、レコード会社最大手の日本蓄音器商会では佐々紅華作で天野喜久代と木村時子によって演じられた「茶目子の一日」（ニッポノホン三六六七）〔写真9〕、「毬ちゃんの絵本」（ニッポノホン三六五九）という傑作が大ヒットを放ち、それに準じた類似作品や既成の唱歌などを繋ぎ合わせただけの作品まで数多く発売され、演者も浅草オペラの俳優たちは勿論、神長瞭月や鳥取春陽など人気の演歌師らによっても録音されている〔写真10、11〕。また異色なところでは、浅草オペラを積極的に取り入れていた松旭斎天勝一座でも児童文学者であった久留島武彦が脚色した「お伽魔術・絵筆の魂」という出し物を上演している記録が残っており、果たして「お伽魔術」とはどのようなものだったのか非常に気になるところである。

お伽歌劇の在り方

浅草オペラといえば、学生や若い会社員を中心として多少なりともエロチシズムを求めた観客が詰めかけた訳で、その中でオペラや舞踊劇と共に、子供向けのオペラが上演されたということは場違いな感じを受け、何故受け入れられたのか大きな疑問として残るが、当時のオペラ雑誌ではお伽歌劇についての議論が意外に多くなされており、決して添え物ではなかったことも伺い知ることができる。

「現在幾多の歌劇団で上演されてゐるお伽歌劇の大方は、唯面白可笑しい場面を見せるといふ以上に出てゐない。これは悲しむべきことだ。何故童話劇のそれのやうに、熱心な作家なり、指導者なり、作曲者なり、俳優なりを持ち得ぬのであろうか。（略）童話劇がかほどまでに有名になり高級に成長しつゝ、ある間、音楽の領域たるべきお伽歌劇は何をしてゐるか」

（「オペラ」大正十三年九月号）

他にも「お伽歌劇の醍醐味は、少年少女の純粋な心を楽しむもの」ということが異口同音で書かれており、以上の点を踏まえ、現代的に解釈するならば、大人が少年漫画の主役に自分を重ねて熱中する気持ちと重なるのではないだろうか。大正九年以降、浅草で唯一のオペラ常設館となった金龍館を根城としていた根岸歌劇団も、現在では意欲的なグランドオペラ上演の活動ばかりが注目されているが、佐々紅華、深町幸（波島章次郎）

〔写真12〕 佐々紅華が手掛けたお伽歌劇の1つ、「牛若弁慶」のレコードレーベル。

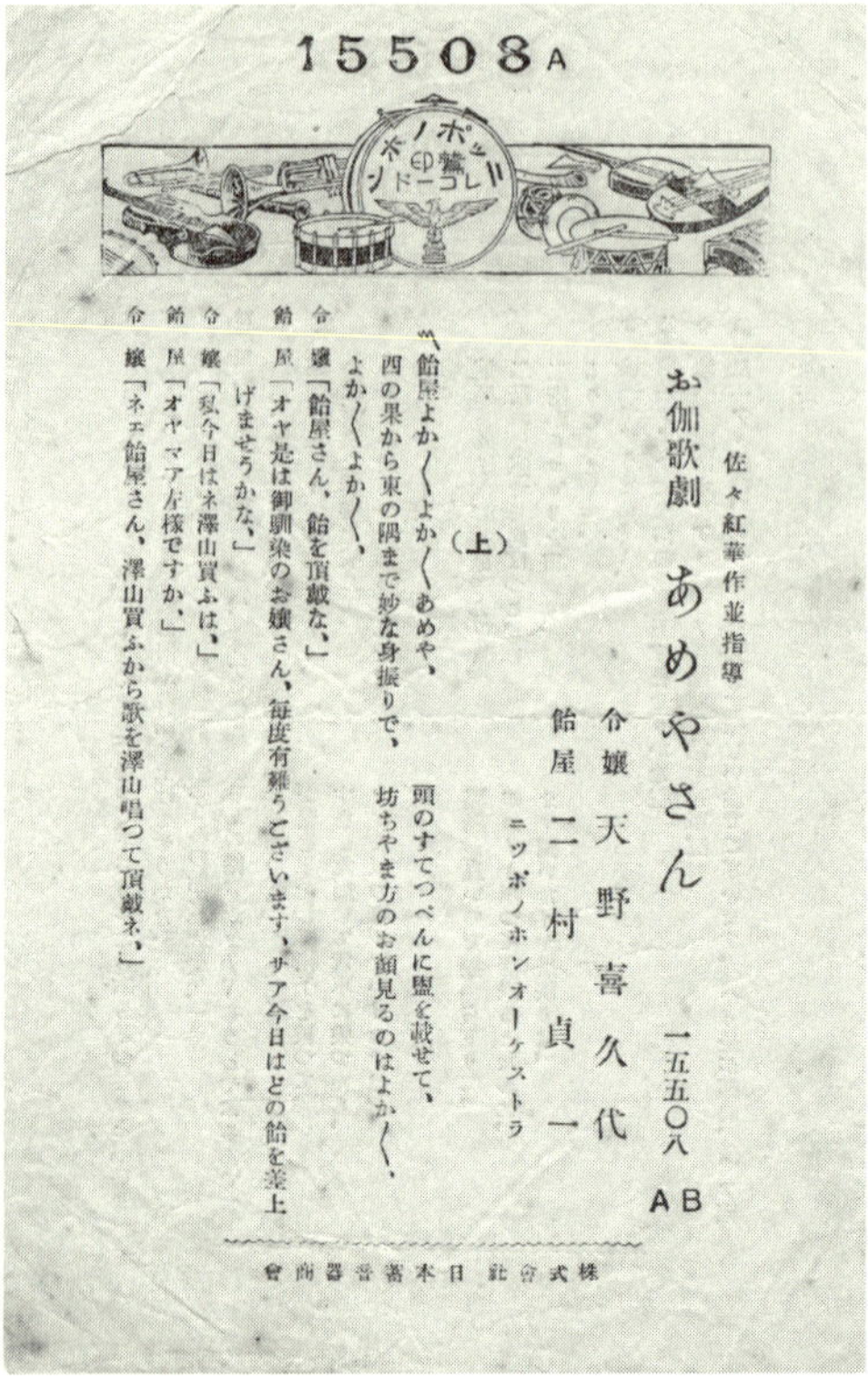

15508A

ニッポノホン 鷲印 レコード

佐々紅華作並指導

お伽歌劇 あめやさん　一五五〇八　AB

令嬢　天野喜久代
飴屋　二村貞一
ニッポノホンオーケストラ

（上）

〽飴屋よか〳〵よか〳〵あめや、　頭のすてつぺんに盥を載せて、
西の果から東の隅まで妙な身振りで、　坊ちやま方のお顔見るのはよか〳〵、
よか〳〵よか〳〵、

令嬢「飴屋さん、飴を頂戴な、」
飴屋「オヤ是は御馴染のお嬢さん、毎度有難うございます、サア今日はどの飴を差上げませうかな、」
令嬢「私今日はネ澤山買ふは、」
飴屋「オヤマア左様ですか、」
令嬢「ネヱ飴屋さん、澤山買ふから歌を澤山唱つて頂戴ネ、」

株式會社日本蓄音器商會

〔写真13〕 佐々紅華作のお伽歌劇「あめやさん」のレコード歌詞カード。

ら座付き作家によるお伽歌劇の新作も積極的に併演されており、大正十二年九月一日午前十一時五十八分の関東大震災の時には「カチカチ山後日譚」（佐々紅華・作）が上演されている最中だった。

震災後、浅草オペラ界隈は以前にも増して不安定な状況が続き、映画の人気に押されてオペラの凋落が叫ばれていた最中、お伽歌劇の仕掛け人ともいえる佐々紅華は劇団の業務の傍ら、レコード用の新作お伽歌劇の制作にも力をいれており、震災を取り扱った「鯰の裁判」や、「武者会議」「音平の羽子板」「はらぺこパンちゃん」「茶目子の一年」などの傑作を続々と発表〔写真12、13〕。またオペラの凋落によって活動の場が狭まってしまった中堅どころのオペラ俳優たちの一部は、売れない劇団への出演の傍らレコード界にも活路を求めて、作者がはっきりしないようなお伽歌劇を吹き込んでいる例が幾つも見られる。その一方で、それまで舞台では端役であった二村定一や高井ルビーなどの俳優たちが佐々紅華のバックアップによって佐々が制作したお伽歌劇レコードの主役として起用されるようになり、世間にその存在を示すきっかけとなったのだから、それだけでもお伽歌劇の存在価値が認められよう。

このようにお伽歌劇の円熟期といえる一九二〇年代、一体どのようなお伽歌劇がレコード化されていたのか、そもそも実際のお伽歌劇とはどういうものなのか？　私の独断と偏見であるが、数あるお伽歌劇レコードの中で最高傑作と考えている作品の直筆録音台本が手元にあるのでこれを紹介したい。レコード会社の文芸部員が書いた物らしく、平仮名混じりでいささか読みにくいものであるが、明らかな誤字や変体仮名の他はオリジナルを尊重し、掲載する。尚、レコード化されたのは昭和六年頃であり浅草オペラのスターだった藤村梧朗・明石須磨子夫妻によって吹き込まれているものである。

「猿蟹合戦」

唄　けふはうれしい　にちようび
　　かにのでめすけ　えんそくよ
　　あきのおやまへあわふいて
　　おにぎりか丶へて　ヱッサッサ

蟹　「あ丶くたびれたくたびれた　もうお晝だな
　　どうりでお腹が空いたと思った
　　どれ　お弁當でも食べませう」
　　（此處、鶯の鳴声　山の気分を現す）

猿　「こんにちわ蟹さん　おや大層おいしそうなおにぎりを　食べていますね

僕は今　珍しい物を拾って来たのですがね」
蟹　「之は之は猿八さん　珍しい物って一体どんなものですか
　一寸見せてくださいな」
猿　「実はこう云ふ物なんですよ　柿の種といふ宝物でしてね
秋になると赤いおいしい大きな実が沢山なるのですよ」
蟹　「ヘエーそれは好い物ですね　それでは如何ですか
此おにぎりと取替へては呉れませんか」
猿　「ウン取替ても好いがね　一つではとてもとても」
蟹　「それでは二つ」
猿　「いや　どうしてどうして」
蟹　「では三つ　みんなでまけてはくれませんか」
猿　「ウン少ないが　まあ仕方がない　特別にまけてやらう」
蟹　「どうも有難とう　それでは　さよをなら」
蟹　「アヽヽ　うまくだましてやった
アヽヽ　之はうまいおにぎりだ
ウン　おいしいおいしい」
唄　おさるにもらふた　かきのたね
はーやくおヽきく　なってくれ
めがでたはがでた　かきのみが

なったみのった　ドッサリコ

猿　「蟹さんこんにちは　ヤア大層柿が成りましたね」

蟹　「之は猿八さん　丁度好い所は来てくれました
之はいつかあなたと取替た柿の種を丹精したのですよ
そしてこんなに沢山なったのですが
ご承知の通りワタシには木へ登る事が出来ません
あなたは木登りの名人ですから取ってくれませんか」

猿　「それはおやすい御用です　早速取ってあげませう」
（此處　木の葉のざわめく音）

猿　「ウン之はうまい　之はたまらん　こいつもうまい」

蟹　「ア丶モシモシ猿八さん　どうしたのですか
あなたばかり食べて居て　早く私にも下さいよ」

猿　「ヱ丶うるさい　貴様なぞはこの澁いのでも食べるが好い　エイッ」
（投げる音）

蟹　「アイタ丶丶　どうしてぶつけるのです」

猿　「黙れ　エイッ」
（投げる音）

蟹　「アイタ丶丶丶」

唄　「かにのともだち　うすとくり

はちがそろって　かたきうち
お山の　お山の　やまおくの
さるのおうちへ　トテトテト」
猿　「お、寒い寒い　先刻余り柿を食べたせいか
　　お腹が痛くなってきた　どれ火鉢へでもあたろうか」
栗　「ヤアヤアわるざる　かにの仇敵を打たんとて
火鉢に仕掛けし地雷火は　栗の跳吉《はねきち》なり　覚悟いたせ」
猿　「何を生意気な　サア来い」
（和洋合奏でチャンバラの雰囲気を出す
　　終わりに火の跳る音）
猿　「アツッッ……水だ水だ」
蜂　「これ待て猿八　我こそは槍の名人・蜂の文三《ぶんぞう》なり
ともだちの仇　観念しろっ」
猿　「アイッ…之はかなわん外へ逃げろ逃げろ」
臼　「こりや待てっ　逃げようとても逃がしはせぬぞ
石臼太郎これに在り　いざ尋常に勝負勝負」
猿　「きゃっ　きゃっ」
蜂　「ぶーん　ぶーん」
栗　「ぱちん　ぱちん」

猿「きゃっ　きゃっ」
臼「どしん（臼の落ちる音）
猿「きゃっ　うーん」
合唱　とものなさけで　おやのあだ
めでたくうった　かにの子の
にはにことしも　かきのみが
なったみのった　ドッサリコ

（終わり）

〔写真 14〕童話劇「猿蟹合戦」レコードレーベル。東北訛りが消えない藤村梧朗の明朗で意地悪な猿役が秀逸な作品。

このレコードは東京田端で経営していたニッポンレコード合資会社というヒット盤からは縁遠いような中小会社で発売されたものなのだが、かなりの売れ行きを記録したようで十吋の通常盤の他に、子供用の七吋盤まで制作されているほどで、このような作品がレコードのA面B面に渡って吹き込まれ、御馴染みの昔話から創作ものまで幅広いお伽歌劇が約七分間に凝縮されていたのである。

そして、このように常に浅草オペラと寄り添い、庶民に浸透していったお伽歌劇であるが、そもそも浅草オペラ自体が世間一般からは認められた存在ではなかったために、本来の意味である音楽教育としてのお伽歌劇製作者らからすれば、卑しい浅草のオペラと共に上演される商業用のお伽歌劇と同じ括りにされてしまうことは心外であり、最も避けたいことのひとつだったのである。そこで、大正十年頃から教育用の子供向け音楽劇を「童謡劇」「児童劇」「唱歌劇」などと意識的に称することによって、浅草のお伽歌劇との差別化を図ったのである。そして大正末から昭和初期にかけて、浅草オペラの系統の他に、「ドンブラコ」の作者である北村季晴が設立した北村児童歌劇団、小説家の渡辺霞亭が院長となって童話歌劇の上演に力を入れていた大阪お伽学院（大正十三年～十四年）、また日本初の女優でありながら、お伽劇上演のパイオニアでもあった川上貞奴が大正十四年九月に川上児童楽劇団を設立し、大正十五年五月には帝国劇場で第一回公演を行っている。当初の華々しい活動に反して、数年後には自然解消のようになっているのだが、この川上児童劇団のOGの一人に女優の清川虹子も含まれており、当時は林ミドリと名乗っていたという。このように次々と児童劇団が設立されており、舞台での上演の傍ら「童謡劇」のレコードも続々と発売されるようになっていった。

昭和に入ると時代はがらりと変化し、それまで浅草オペラ、お伽歌劇の仕掛け人だった佐々紅華は新流行のジャズの仕掛け人となって活躍し、また「君恋し」「新銀座行進曲」「祇園小唄」などの作曲によってレコード流行歌の一時代を築くのであるが、お伽歌劇の名作「茶目子の一日」「毬ちゃんの絵本」を人気童謡歌手であった平井英子によってリメイクし再びヒットをさせている。しかし、ここでは既に「お伽歌劇」という言葉は使用されておらず、「童話唱歌」と銘打っての発売であった。その後も昭和七年に日本コロムビアに移籍した佐々紅華によって「茶目子の一日」「目無し達磨」などがリメイクされているものの「お伽歌劇」という言葉が使用される機会は少なくなっていき、アイドルが演じる「お伽歌劇」に学生や若い会社員たちが熱狂するという現象は過去のものとなっていった。

フォトコラム3　「原信子歌劇団」

浅草オペラ初期に権威的な存在として君臨していた原信子。喜劇役者·曾我廼家五九郎の説得によって楽壇から渋々浅草に出演したが、ローシーから教えを受けたオペラの上演だけにとどまらず、日本初演のオペラにも挑戦する意欲を持って活動を行っていた。僅か１年ほどの短い活動期間であったが、浅草オペラの歴史に残した足跡は大きい。

「リゴレット」（大正７年９月上演）。スパラフチーレを演じる堀田金星。この公演時には七聲歌劇団、ホワイト・スターバンドとの合同公演で駒形劇場にて上演された。

「小公子」（大正７年６月上演）で主役を演じる田谷力三。中性的な美男子振りで人気を集めていたことがよくわかる一枚である。

右上：原信子歌劇団では「ボッカチオ」を「南欧の詩人」（大正７年４月上演）の邦題で上演した。美しい原信子が男装して歌った「戀はやさし野邊の花よ」は大評判となった。

左上：原信子の右腕として喜劇から老け役まで器用にこなした井上起久子（大正７年）。舞台に立つ傍ら、井上ます子の別名で唱歌のレコードも数多く残している。

右下：東京蓄音器株式会社より発売された「戀はやさし野邊の花よ」のレコードレーベル。数少ない楽壇出身者の原信子は多くのレコードを録音している。

大正７年の夏、劇団員の慰安と次回作「軍艦ピナフォア」の稽古も兼ねて鎌倉旅行が行われた際に佐助稲荷で撮影されたもの。右から中根龍太郎、中村霊首、瀬川銀潮、堀田金星で、20代の若者が集まって楽しい旅行だったことが伝わってくる。

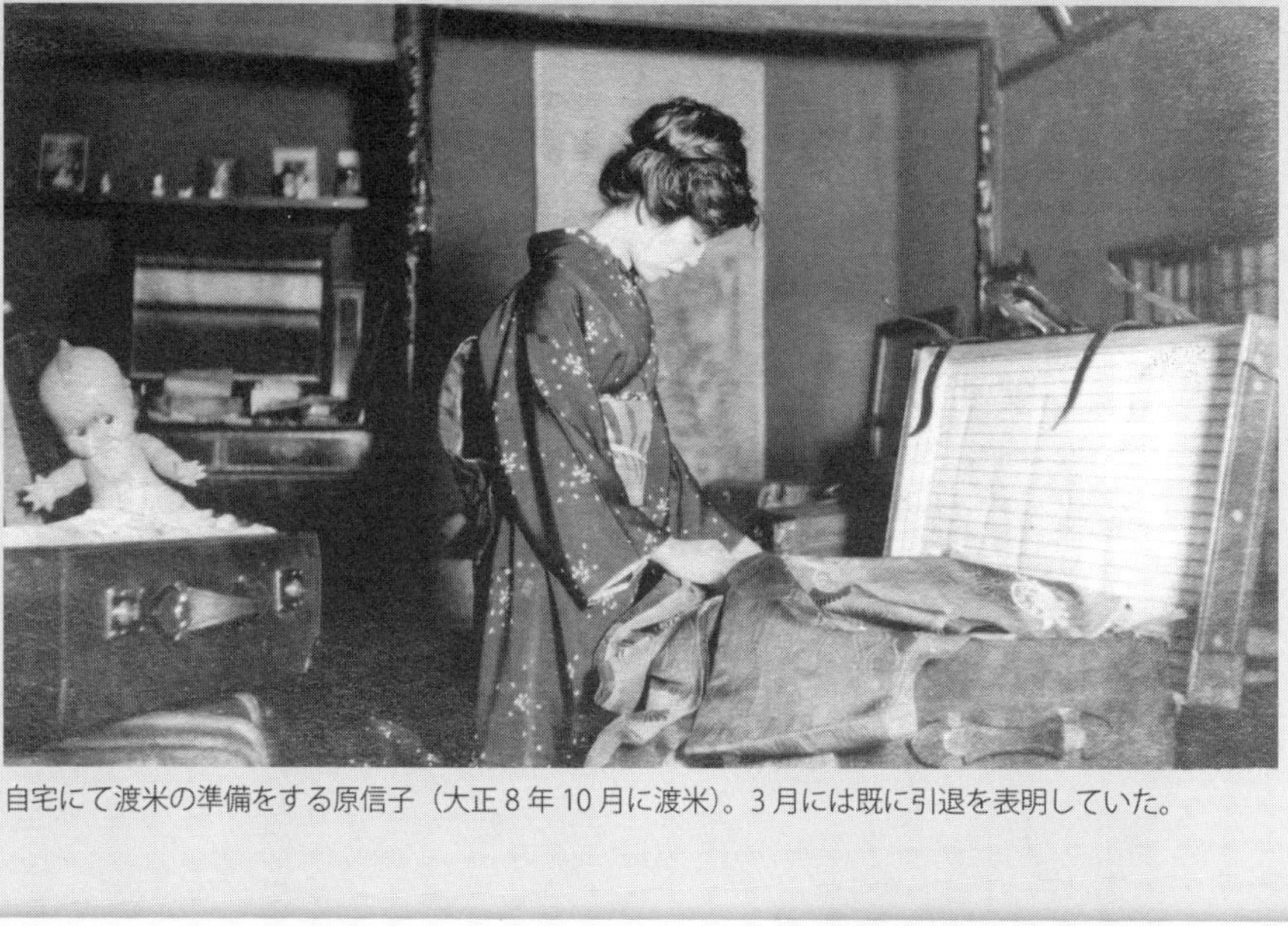

自宅にて渡米の準備をする原信子（大正８年10月に渡米）。３月には既に引退を表明していた。

「小公子」（大正７年６月上演）。掃除番を演じた大濱格。大濱は新聞記者出身という異色経歴の持ち主で、弟の大濱卓と共に原信子歌劇団に在籍。大正後期には濱田格と改名し帝国キネマの主演俳優として活躍した。

「ボヘミアン・ガール」（大正７年６月上演）。ジプシーの娘を演じた平野松榮。基本的にローシーから教えを受けたものをレパートリーとしていた原信子歌劇団であるが、「ボヘミアン・ガール」のように指導者が不在の中で日本初演の作品にも取り組んでいる。

4 東京少女歌劇物語

いつかテレビで「アイドル戦国時代」などという言葉を目にした。アイドルブームが華やかに繰り広げられている昨今、そのうち消えていくだろうと思っていた複数のアイドルグループが社会現象となり、そんなことに疎いはずの私までもＡＫＢやらモモクロの存在を認知するようになって、更には、頑張っているな～とお世辞抜きに感心している次第なのだから可笑しなものである。泡のように生まれ出で、煙の如く消えていくアイドル業界の現状を目の当たりにしていると、私は戦前の少女歌劇全盛時代を思わずにはいられない。よく人から「少女歌劇ってなんですか？」と聞かれるが、わかりやすく「今のＡＫＢのようなものです」と答えるようにしている。少女歌劇というと戦前特有のロマン溢れる甘美な世界を彷彿とさせるが、それは一九三〇年代の話で、宝塚の小夜福子や松竹の水の江瀧子の水も滴る男装振りは、いまや伝説と化している。

そもそも少女歌劇の元祖は宝塚少女歌劇団（宝塚唱歌隊）というのが通説になっているものの、明治四十四年に白木屋呉服店の余興として結成された白木屋少女音楽隊（白木屋余興部）が一番最初の少女歌劇とも言われている。後に「十五夜お月さん」や「青い目の人形」などの童謡作品で知られる東京音楽学校出身の本居長世を顧問として、歌舞伎役者の松本幸四郎による振付指導もあり、翌年の正月よりお伽歌劇の公演を開始。ここでは宝塚少女歌劇の第二回公演で上演された本居の作品「浮かれ達磨」も宝塚に先駆けて上演されているし、帝劇二期生で早い時期からレコードの吹き込みを残している花房静子も帝劇以前に在籍していた記録が残ってい

〔写真1〕 白木屋少女音楽隊「オモチャ屋」(明治後期上演)。華やかな少女歌劇というよりは芸者衆の御囃子連という感じである。

る。私の手元には白木屋少女音楽隊を写した絵葉書〔写真1〕が存在するが、その写真を見る限り「音楽隊」「少女歌劇」というより「芸者衆の御囃子」という印象を受け、子供に喜ばれるような明るく楽しそうな雰囲気は漂っていない。この白木屋少女音楽隊に関しては世間にどのような影響を与えたかというよりも、少女の音楽集団が明治時代に存在していたという歴史的事実として特筆されるべきことと思う。それら東京での少年・少女音楽隊や帝劇オペラを観劇し、壮大な構想の下で少女歌劇を思いついた小林一三の思いが「宝塚唱歌隊」という形になったのが大正二年のことで、翌三年四月一日に記念すべき第一回公演「ドンブラコ」他が上演されたことは周知の通りである。関西の小さな田舎町・宝塚で上演され、一時期は存続の危機に遭遇しながらも続々と新作を発表し続けるうち、各界から注目を浴びるようになり、大正六年には東京初公演の話が具体的に持ち上がったが内輪揉めのために頓挫し、翌七年に改めて演芸専門の出版社・玄文社の支援により東京初公演を帝国劇場にて上演する運びとなって、宝塚少女歌劇団の名が全国区になるわけである。現在ではどうしても「浅草オペラ」と「宝塚少女歌劇団」は別分類として、同時代の産物として共に書かれることはあまりないのだが、東京でのオペラ流行と宝塚少女歌劇団の東京進出の時代が偶然に重なって、お互いに、より一層の集客をもたらし一時代を築くことになるのである。宝塚少女歌劇の創設者である小林一三は、東京のオペラ界で実績を残していた西本朝春（「ベニスの夕」の作・演出）、獏与太平（「コサック出陣」作）、石井漠（「桃色鸚鵡」振付）、竹内平吉（後に宝塚歌劇理事）、岸田辰弥（後に宝塚歌劇理事）、宇津秀男（レビュー作者）、荒尾静一（振付師）などの浅草オペラ関係者を大正中期から昭和戦前期にかけて宝塚歌劇のスタッフとして招聘し、仕事ぶりを認めている一方で、下劣とされた浅草オペラと同類にされる傾向を嫌い

「日本の歌劇界に於ける大恩人であったローシー氏は敗残の老躯を荷って日本を呪ひつゝ歸國しました。見帝國劇場の歌劇部は、不必要品として虐待せられた末に、無慘にも其實を結ばぬ先に散り果てました。悲哀捨てられた歌劇役者の多くは、最も低級の娯楽場たる浅草の一隅に於て、心にもない観客を對手に、の快感をむさぼって居るのであります。斯る哀むべき歌劇界に於て、時代の要求である、必要品であると、獨斷的に放言することは、聊か亂暴であるかもしれません、が、我寶塚少女歌劇の目的并に其成立、少なくとも存在の意義ある點に於て、時代の要求であり、其必要品であることを確信してゐるのであります」

（『宝塚少女歌劇帝国劇場上演脚本集』大正七年）

と初の東京公演に際して声明文を発表している。そんな時代の新しい波を、当時オペラに関わっていた熱っぽい若い連中が見逃す訳はなく、早速、浅草の街に宝塚少女歌劇団を模倣した新劇団が登場したのだった。

それが東京少女歌劇団の前身である日本歌劇協会であった。

〔写真2〕 日本歌劇協会「クレヲパトラとシーザ将軍」（大正7年頃上演）。右はシーザ将軍を演じる浅井豊。浅井豊は小さな歌劇団の記録を調べると度々名前が登場するものの、経歴不詳の気になる存在である。

〔写真3〕 旭少女歌劇団の舞台監督兼作者であった鈴木康義（大正七年頃）。複数の劇団女優と関係を持ち、プライベートな部分に関しては記録が少なく消息は不明である。

〔写真4〕 西本朝春（大正七年頃）。

大正六年三月旗揚げされ、四月には浅草みくに座にて初公演「ヴェニスの夕」を上演、その後、浅草三友館へ移って公演を続けているが、特別な評判を呼ぶことはなかったようである。

　そんな劇団の中心的人物が、大正五年四月に旗揚げされた世界的ヴァラエティ一座（高木徳子一座）のバンドマスターをしていた軍楽隊出身の鈴木康義〔写真3〕と、浅草オペラ史のあらゆるキーポイントに名前が上がるものの、実像がはっきりしない怪人物・西本朝春〔写真4〕（「ちょうしゅん」「ともはる」などのルビが確認できる）で、西本は明治二十年一月八日、宮崎県都城市の生まれ（琉球出身説もあり）。家庭の事情により幼くしてインドへ渡ったのをはじめとして、古典舞踊研究のために世界各国を巡り、サンフランシスコでは舞踊学校を創設したり、舞踊雑誌を創刊したりしたものの、いずれも失敗に終わり、大正四年に帰朝。当時としては、振付は勿論、脚本、作曲、舞台美術なんでもござれの異色人物で、当代一の人気女優・松井須磨子も彼の教えを受けた一人だと言われる。浅草オペラとの関係は、大正五年七月に日本バンドマン一座を設立したことから始まり、大正十二年あたりまで名前が見受けられるが、その後の足取りは不明で、没年に関しては現在のところ石井漠夫人が「大正末期に没した」(『浅草オペラ物語』)と語った以外の証言や記録を確認することが出来ず、昭和二十六年に浅草ゆかりの文化人が集まって組織された「浅草の会」の会報第一号には、すでに亡き人として名前が掲載されているのが、私が確認できた唯一の資料である。

〔写真5〕旭少女歌劇団「桃節句」(大正７年４月上演)。前列中央には一條久子の姿が確認できる浅草日本館での舞台写真である。

そんな西本は日本歌劇協会を旗揚げする前年、小林一三の依頼を受けて宝塚に招聘されており、彼の作で宝塚最初期の傑作に数えられている「ヴェニスの夕」を提供し(浅草オペラのレパートリーとしても人気を集めた)、更に振付師として短期間ながら宝塚の裏方として内部に関わっていたことが、東京での少女歌劇結成という構想を具体化させる大きな要因ではなかっただろうか。ただこの時点では少女歌劇を名乗ってはいないし、宝塚とは根本的に異なる「男女混成」劇団だったという点を記しておきたい。バンドマスターには鈴木正一という人物が迎えられ、集められた俳優たちには、浅井豊、黒木憲三、浜田卓、そして一條久子(大正六年三月加入)、白川澄子(大正六年八月加入)、貴島田鶴子(大正六年四月加入、鈴木康義夫人となる)、千種百代(大正六年九月加入)、守八千代(大正七年一月加入)、京極小夜子、英百合子、武田時子、奈良八重子などがおり、『浅草オペラ物語』（芸術現代社・平成二年）によれば総勢十七、八人の小さな集団だったことが記されているので、以上挙げた俳優たちがほぼオリジナルメンバーに間違いはない。

その後「ビューチー一座」と名乗ったり、大正七年二月には「エンパイア歌劇団」と改名しているが、その僅か二カ月後の大正七年四月、東京で初めて少女歌劇を名乗った記念すべき「旭少女歌劇団」が結成され、浅草日本館にて改めて御披露目公演を行ったのであった。

〔写真６〕　旭少女歌劇団の初期メンバーと旭歌劇団の俳優たちが共に写った珍しい１枚（大正７年頃）。

第一回公演の演目は西本朝春作の喜歌劇「ラ・カーニバル」と、宝塚で上演された「雛祭」（小林一三・作）を焼き直し改題した「桃節句」〔写真５〕で、浮世に毒されていない少女たちの可憐な姿が観る者の心をとらえて、忽ちに好評を得て浅草中に知れ渡ったのであった。初公演に合わせて藤村梧朗、荒尾静一、町田金嶺、奥村直二、黒田達人、梅村千代子、二見秀子、高井千代子、久保田園江らフレッシュな俳優たちを勢揃いさせたのも効果的であり、引き続き明石須磨子（大正七年五月加入）、上野一枝（大正七年五月加入）、松山浪子（大正七年六月加入）、花園蝶子（大正七年八月加入）、石井小浪（大正七年九月加入）、桂城二郎（大正七年十月加入）をはじめ、河辺喜美男、中根龍太郎、三條文子、中村米子、葉山百合子、田中壽々子、二葉照子など、後の浅草で大きく存在を示すスターたちを発掘し養成している部分を無視することはできない。またこの時期、藤村梧朗の紹介により入団した無名俳優・戸山英二郎は、後に日本オペラ界を牽引することとなる若かりし頃の藤原義江である。旭少女歌劇団のスターの活躍が浅草オペラ人気に拍車をかけたことは言うまでもなく、わずかな期間ながら浅草オペラ屈指のスターを擁する大劇団へと成長していった〔写真6〕。

右：〔写真7〕 一條久子（大正８年頃）。
左：〔写真8〕 旭少女歌劇団「狐の裁判」（大正８年２月上演）で主役の子羊ゲルツに扮した一條久子。

そんな絶頂期の旭少女歌劇団にはどのようなスターが在籍していたのだろうか。

まずはなんと言っても一番に一條久子を挙げなければならない〔写真7、8〕。「チャボ」の愛称で親しまれた一條久子は、曲馬団の娘とも按摩の娘とも生い立ちを噂されているが、明治三十七年九月山梨県甲府の生まれ。どんな事情で芸界に足を踏み入れることになったかは不明だが、鈴木康義が日本歌劇協会を立ち上げた当初から名前を確認することが出来、人柄の良さ、愛嬌たっぷりで芸達者なところが大変な人気を呼び、浅草オペラきってのアイドルに登りつめ、内山惣十郎は後にラジオ番組にて「一條久子という美空ひばりのような天才少女がいて人気者だった」と語り、辛口オペラ評論で浅草オペラを盛り上げた画家の小生夢坊は「頗る可憐な容姿を見せるので、兎角センチメンタルな

右：〔写真 9〕 一條久子に次ぐ花形であった白川澄子（左）と、千種百代（右）。白川澄子は美貌を売りにしており、当時は戸山英二郎の恋人と噂されたこともあったが、オペラ俳優の茂木信夫と結婚している。
左：〔写真 10〕 貴島田鶴子（大正 7 年頃）。

〔写真 12〕 旭少女歌劇団「コルシカの娘」（大正 8 年頃上演）の扮装で撮影された藤村梧朗と貴島田鶴子のプライベート写真。尚、同じ写真が内山惣十郎著『浅草オペラの生活』に掲載されているが、個人の旧蔵写真である。

〔写真 11〕 美貌で売り出していた明石須磨子（右）と松山浪子（左）のプライベート写真（大正 8 年頃）。若手女優らしく、どこか垢抜けてモダンな雰囲気が漂う。

ものに憧れる若い観客連は『一條一條』と言って、久子に随喜の涙を流すのである」と自著に記している。大正八年の雑誌「オペラ」で行われた人気投票では、一位の田谷力三に次いで二位にランクインしているところだけを見ても、絶大な人気を博していたことを想像することができる。

そして大看板・一條久子に続くスターには、高木徳子の愛弟子で結成されたユニット「五徳」の一人として活躍し、川上貞奴一座で舞台経験を積み「日本館小町」とも謳われた白川澄子〔写真9〕、同じく高木徳子門下の貴島田鶴子〔写真10〕、井上正夫一座に所属し芝居を得意としていた上野一枝（珍俳優・高瀬実乗の妹、後の中村是好夫人）、素人ながら努力と美貌で人気を博していた明石須磨子〔写真11〕などが旭少女歌劇団を代表するスターたちと言えよう。また俳優たちが添え物のような感じも受けるが、そんなことはなく、ローシー門下の藤村梧朗〔写真12〕は学生に絶大な人気を博したバリトンで、西本朝春作の「ベラ・エスパナ」で演じたジプシー役は当たり役となり、舞台では主演級を演ずる傍ら、劇団の技芸補導員（指導員）という立場も与えられているし、「デブ」のあだ名で愛された中根龍太郎はユニークなキャラクターが認められて名物男となり、町田金嶺は典型的な二枚目テノールとして女性ファンの人気を集め、ダンスを得意としていた荒尾静一〔写真13〕は後に宝塚の振付師としても名前が確認できるほどの実力派であった。

〔写真13〕 ボードビルに出演中の白川澄子と荒尾静一（大正9年頃）。荒尾静一はその後映画俳優を経て、宝塚歌劇の教師となっている。

それにしても、芸人差別、浅草差別の激しい時代に旭少女歌劇生え抜きの女優たちが複数在籍していることが引っかかるのだが、果たしてどのように女生徒たちを集めたのであろうか？

美貌で注目の花形スターだった明石須磨子の御遺族の証言によると、貯金局に勤めていた行き帰りの途中に、本郷あたりでスカウトされたらしく、そして一説によれば、初舞台を踏ませるのに必要な衣装・化粧品、または生活費その他諸経費を肩代わりし、悪質に水増しした諸経費代（借金）を返し終わる契約終了期間まで働かせるという、芸者屋・女郎屋そのままの年期システムもあったというのである。記録によれば浅草にあった田島町十六番地に鈴木康義が借り上げていた家があって、そこが寄宿舎代わりになっていたのだが、田島町は芸人部落として有名であり、環境が極端に悪かったであろうことは想像に難くない。旭少女歌劇団を「田島町組」と称している記事も存在するが、これは明らかに蔑称である。思わず、映画『浅草の灯』で岡村文子扮するやり手婆が、高峰三枝子演じる純情可憐な新進オペラ女優に向かって、

「第一この洋服だって、そこにある沢山の着物だって、誰がこしらえてやったんだい？ ポッと出の田舎っ子を上野駅から連れて来てやってさ、誰がオペラの役者に仕立ててやったんだい！ そこんとこ、よ〜く考えてもらいたいね。言いたかないけど、お前さんの体には随分お金を掛けてやってるんだよ」


と、なじる場面を思い出す。

女優も芸者も女郎も同じ「醜業婦」と言われた時代、後者のやり方も当時は実際にあったのではないだろうか……と思わざるを得ない。そしてこれは大正時代の芸界の裏側として避けることの出来ない部分でもある。

また、旭少女歌劇団を語る上で「少女たちの仄かなエロチシズムを目当てに客が押し寄せた」というような

ことが異口同音に語られており、いかにもエロ劇団のような印象を与えられてしまうのだが、ストリップ的要素は一切なく、その印に出し物の多くは「藤六と人形」「おもちゃと太郎」など子供向けのお伽歌劇で、また旭少女歌劇団の専売特許とも言える「史歌劇」と言われた「楠公」「群雀」「勧進帳」などの歴史もの、「ヴェニスの夕」「ベラ・エスパナ」などの西洋もの、或いは「金星探索」などのファンタジーもの等が人気を集め、くり返し再演されている。そのほとんどの作品を座長の鈴木康義と西本朝春が手掛けている。当時の数少ない舞台写真を見る限りでは、少年少女たちがかぶりつきで舞台を観劇している様子を伺い知ることが出来る。色っぽい部分はというと、せいぜいスカートにタイツを穿いたダンス姿が、純朴な青年たちには刺激的だったり、媚びを売るような仕草をする女優がいたのかもしれない。また評判を呼んだことによって、ゴシップや素っ破抜き記事が氾濫したこともまた事実であり、劇団内でのプライベートな部分でかなり風紀が乱れていたことは広く知られていたので、性に飢えていた若者たちの想像を掻き立てたことは言うまでもないだろう。

その当時のルポ「一條チャボさんがお職」(「花形」大正八年九月号)に目を通すと

「ズラリ安店の女郎のように並んだここで、所謂オペラシンガーとか謂ふもの丶中では、二葉てる子とかいふ奴だけ一枚ちょっと光ってゐる。(略)最後のコーラスもなっていない。出演者も熱が無ければ、観客も欠伸交じりで、この暑いのにお互い御苦労千萬だ。よく歌劇の見物記を讀むと、爛熟した肉の香とやらが場内の隅から隅まで漂ってゐるように書いてあるが、日本館は何處の隅にもこんな香なんか漂はないから不思議だ。(略)長い間待たせて開いたのが「萬国博行」一場、イカペラ、ヨタ歌劇の代表的なもの、花園蝶子の貧弱な藝妓が田中壽々子の半玉を捕えて「まァまァ、姐さん随分助平ですことね」などと舞台

〔写真 14〕 東京少女歌劇団「楠公」(大正 8 年 9 月上演)。日本館から撤退した旭少女歌劇は東京少女歌劇団と改名して駒形劇場に出演するも、客足が伸び悩み名古屋へと本拠地を移すこととなる。

で大聲で喋り合ふと、ニキビだらけの客はもう一切夢中で「ヨウー花蝶々々」と騒聲頻りに起こって来る。岩てこ一座じゃあるまいし、こんな際どいことを言はなけりゃ自分の藝名さへ呼んでくれないようぢゃ、オペラシンガーもチャンチャラ凄まじいや」

と、非常に冷やかで悪意さえ感じるこの記事が、旭少女歌劇団に限らず、当時の浅草オペラ全体に対する世評の典型的なもの。ちなみに「お職」とは遊郭で使われた言葉で、それぞれの店の売れっ妓女郎ナンバーワンを敬意を表してそのように呼んだのであった。

ゴシップ類は劇団にとってはあまり有り難くないものではあるが、人気の裏返しとして致し方ないことであろう。そんな絶頂期の旭少女歌劇団に転機が訪れるのは、劇団の重要なポストに就いていた藤村梧朗が日本館の館主であった桜井某と衝突して退団し、旭少女歌劇団きっての大スター・一條久子も小生夢坊が主宰していた東京オペラ座に移籍してしまった、大正八年九月のことだった。それまで本拠地としていた日本館から、少し離れたところにある駒形劇場へと鞍替えを行ったのだが、これがそもそもの失敗だったのである〔写真14〕。浅草オペラの聖地である浅草六区から近場ではあるものの、観光客がわざわざ駒形まで足を伸ばすのは意外と不便であり、一部の熱烈なペラゴロだけを相手にしているだけでは採算はとれず、早くも大正九年二月には駒形劇場を撤退することとなった。この頃には既に、数年来の隆盛を支えた初期メンバーの多くが実力を付けて、他の人気劇団の看板スターとなってはばたいており、どのような事情かはわからないが西本朝春も同時期に手を引いているようである。もうこの時点で浅草オペラ全体の勢いが落ち始めていたのだ。

そこで鈴木康義は東京に見切りをつけ、今までの旭興行から岡崎常太郎が責任者を務める岡崎興行部の専属となり、名古屋市中区南伏見町にあった中央劇場を根城に、名前を「東京少女歌劇団」と改めて再出発に踏み切った。それまでも出入りは激しかったが、新たなスターを育てるために、若宮美子、松川智恵子、椿恵美子（大正九年三月加入）、上月桂子（大正九年四月加入）、明石歌子（大正九年九月加入）、美園京子（大正九年十月加入）、秋月喜久枝（大正九年十月加入）、田村豊子（大正九年十一月加入）、また異色のヱレスなる金髪少女（大正十年夏には渡米してしまう）らが迎えられ、新生・東京少女歌劇団を支える柱となっていった。

〔写真 15〕 谷崎歳子（大正 9 年頃）。

それまでも名古屋でのオペラ公演は度々行われていたが、常設館はなく、数カ月ごとのオペラ公演に首を長く待っている根強いファンが大勢いた土地だっただけに、評判が評判を呼んで再び華やかな少女歌劇の舞台が繰り広げられるようになるのだが、その中でも一際輝く存在が大正八年に入団した谷崎歳子〔写真15〕であった。谷崎は明治三十七年一月に東京入谷で生まれ、本名を林としと言い、デビューした年の十一月には駒形劇場で上演された「イイダの花園」で初めて人形・ゾフィーと

〔写真16〕 東京少女歌劇団「勧進帳」（大正12年6月上演）近藤十九二が長唄を下地にして作り上げたもので、少女歌劇といっても演目のレパートリーは広かった。右から御園京子、白川澄子、谷崎歳子。

いう役を振られ、その後「サタンの森」で病気のために休演した園晴枝の代役として初めて舞台で独唱を披露しスターへのチャンスを掴むと、他の劇団へ移籍した人気者・一條久子の後釜として大役を振られるようになる。主演級の老け役や三枚目に力量を発揮し「勧進帳」〔写真16〕では義経を演じるなど、常に目立つ存在として、忽ち東京少女歌劇団を代表する人気者に成長していった。また谷崎歳子後援会も組織され、歌劇「ミニョン」のアリア「君よ知るや南の国」の替え唄で会歌も作られている。

〽君よ知るや谷崎歳子　谷間の姫百合よ歳子
生命永くぞ咲けこの花
万歳とし子　ブラボー歳子

というもので、当時大きな力を持っていたジャーナリスト・青柳有美に認められ、多くの提灯記事も残されている。ちなみに、この谷崎歳子こそ、昭和戦後期の芸能界を代表するタレント・江利チエミの実母であり、昭和戦前期には柳家金語楼劇団の看板女優として活躍し、小林一三に「西の天津乙女、東の谷崎歳子」と云わしめている。江利チエミのずば抜けたエンターテイナー性は突然変異ではなく、母親譲りだったというところに面白味を感ずる。また女優の清川虹子が江利チエミの母親的存在であったことは広く知られているが、それは清川と谷崎歳子が友人関係にあったことに起因している。

　そんな紆余曲折がありながらも、追い風が吹き始めていた大正九年十一月七日、一時は旭少女歌劇団を去り、小生夢坊が主宰していた東京オペラ座に参加したものの台湾興行中に現地で解散という憂き目に遭い、辛酸をなめた後、三カ月ほど前に古巣へ返り咲きしていた一條久子が興行先の京都にて、なんと僅か十七歳でこの世を去ったというニュースが浅草オペラ界を駆け巡った。その死因は、舞台化粧で使用された白粉に含まれる鉛毒の中毒だったと表立っては報道されたが、当時の浅草の裏表を知り尽くしていた演歌師の添田知道によると、本当の死因は「猛烈なる性病」だったというが、彼女の死の衝撃は大きく、

「忘れもしない十一月七日夜『久坊死んじゃったんですよ』涙ににごった悲しげな白川さんの言葉に、私は二の句がつげない程驚きました。泣きはらした白川さんの眼をみてゐながら、私はそれに對してどういふてよいか、その言葉さへ知らない程」

（「オペラ」大正十年三月号）


など、雑誌「オペラ」などで組まれた追悼記事からは関係者たちの悲しみの深さを知ることができる。浅草オペラ界全体でしばらくの間、スター一條久子の死を引きずっていたが、新しいスター谷崎歳子の活躍もあり、東京少女歌劇団は更なる観客の動員と経営に余裕も出はじめ、東京市本所区新小梅町二番地一号に東京事務所を開設し、更に、どのような理由かは不明であるが東京少女歌劇団の姉妹劇団・アサヒ少女歌劇座が旗揚げされたのであった。

　このアサヒ少女歌劇座の責任者は後にレコード流行唄の作曲家、ＪＯＢＫ（大阪放送局）の指揮者としても名前が確認できるヴァイオリニストの近藤十九二で、最初は旭少女歌劇が名古屋へ移動するにあたり東京に

残った残党と浅草日本館に立て籠もっていたが、その後大阪楽天地に移動し浪華少女歌劇を名乗って活動するもご難続きにより短期間で分裂。なんとか辿り着いた名古屋で、興行界隈に多少の顔が利くようになっていた鈴木康義に助けを求めたのではないだろうかと推測できる。一條久子が亡くなった直後あたりに大阪楽天地にて第一回公演「ヴェニスの唄手」が上演されており、それまで東京少女歌劇団にいた園春枝や中村米子などが二劇団を行ったり来たりしていたようである。因みに、この頃になるとゴシップは影を潜めた代わりに、ローカル色がかなり強くなるものの、大正十年五月には初の海外、支那公演を行い、また日本蓄音器商会（オリエントレーベル）でレコード録音も行われるようになった〔写真17〕。そのレコードの売れ行きも上々だったようで、「瘤取りの話」（一七八五）、「リラの誕生日」（一八〇一）、「恵の神」（一八一三）、「群雀」（一九一五）、「おもちゃと太郎」（一九三四／一九三五）、「藤六と人形」（一九三六／一九三七）などのヒット作が短期間に続々と発売されている〔写真18、19〕。大正十一年にはアサヒ少女歌劇座が再び浪華少女歌劇と

〔写真17〕 全盛期に発売された歌劇「藤六と人形」のレコードレーベル。

右：〔写真18〕 東京少女歌劇団が発行していた史歌劇「山伏接待」の楽譜（大正10年）。左：〔写真19〕 お伽歌劇「瘤取りの話」のセリフと歌詞を掲載した冊子で、楽譜は掲載されていない（大正10年）。

名前を改め（数カ月の間、国活少女歌劇とも名乗っていたと推測ができる記載がある）、大阪楽天地を中心に活動するようになったのだが、決別したわけではなく、少女歌劇経営のノウハウを学び、改めて舞踊指導に石井行康、劇作部に和気譲らを迎えて一本立ちした形だったと思われる。その証拠に同年の暮れには「東京浪華少女歌劇」と銘打って浅草の十二階劇場にて仲良く合同公演を行っているし、それ以外でも東京少女歌劇団の関西興行の際に客演している様子が度々伺える。大正十一年十月三十日より京都夷谷座で開演されたプログラムを掲げてみると

近藤十九二氏作並作曲　歌劇「八つ橋」（浪華少女歌劇）
近藤十九二氏作曲　鈴木康義氏増補　史歌劇「舞扇」（東京少女歌劇）
近藤十九二氏作及編曲　お伽歌劇「ナタリヤと医者」（浪華少女歌劇）
鈴木康義氏作並作曲　喜歌劇「太郎と人形」（東京少女歌劇）

となっており、演ずる方にも、声援を送るファンにとっても不満のないように配慮されている部分は面白いが、現在と比べていくら稚拙であったにしても、これらの演目を昼夜二回演ずることは、結構な重労働だったのではないだろうか。しかし、この無茶なプログラムが浅草オペラ全体の常識であり、正月や藪入りなどの稼ぎ時には一日五回、六回の公演も珍しいことではなく、今では考えることも許されることもない事実であった。また、別項で詳しく述べるが、後の浦辺粂子が浪華少女歌劇に在籍していたのもこの頃のことである。

大正十二年になると派手な動向が取り沙汰されることもなく、相変わらずの公演ルートを巡業し、一定の熱狂的ファンに愛され、相変わらず舞台写真がオペラ雑誌のグラビアを飾っていたが、ついに九月一日午前十一

〔写真20〕 東京少女歌劇団「黒蝶物語」（大正13年秋上演）震災前の雑然とした舞台面から、かなりモダンで垢抜けた印象を受ける震災後の舞台の様子。大正ロマンの雰囲気が漂う1枚である。

時五十八分、あの忌まわしい関東大震災が起こったのである。その際の東京少女歌劇団の様子を知ることのできる記事は、現在のところ未確認であるが、直接的な震災の被害はないにしろ、団員の多くが東京市内の出身者だっただけに、一時は騒然となり事情により退団した者もいたことだろう。オペラの聖地・浅草は壊滅状態となり、多くのオペラ関係者が中京から関西地方へと流れ、名古屋の街も俄かに活気付き、皮肉にも再び東京少女歌劇団が脚光を浴び、名古屋でのオペラ公演が華やかに繰り広げられたのであった〔写真20〕。大正十二年の暮れから十三年にかけての名古屋には、根岸歌劇団、宝塚少女歌劇、東京オペラ座（小生夢坊ら）、樂劇座（名村春操ら）、東京歌劇座（大石信夫ら）、松旭斎天華一座、澤モリノ歌舞劇団、ミカゲ大喜歌劇座（相良愛子ら）、八景歌劇団、大阪お伽学院少女歌劇、国民大歌劇座（伊庭孝ら）など数々の歌劇団が来演した記録が残っている。東京少女歌劇も「東京少女浪華少女合同一座」として中央劇場の新春公演を飾り、また大阪で新しく設立された日東蓄音器株式会社（ニットーレコード）にて立て続けにレコードを吹き込み、夏には再び上海興行を行うなど精力的に活動している様子が伺える。

しかし、それも束の間の夢に過ぎなかった。

東京は日に日に復興を遂げて、再び浅草でのオペラ公演が本格的に行われるように思えたが、どの劇団も経営不振に陥り、今まで以上に離合集散が著しくなって、大正十四年十月には浅草でのオペラ公演が途絶えてしまう。また東京少女歌劇も例外ではなく、大正十四年には東京公演さえ行われた形跡がなく、スター・谷崎歳子が鈴木康義との子を宿し女児を出産するが一切話題にもならず、いつしか退団。浅草オペラが消滅したことによって、代表的なオペラ雑誌「オペラ」が廃刊し、ただでさえ情報網が発達していない時代、浅草オペラのメディアへの露出が極端に減り、劇団や俳優たちの消息もぱったりと掴むことができなくなってしまった。

時は昭和となり、前時代的で刺激の少ないお伽歌劇も次第に飽きられ、これといったスターも輩出することなく、次第に自然消滅のように解散していったのだろう……と推測していた矢先。何気なく蔵書を手に取りページを捲っていると「今でも老女歌劇とも改称せずに興行を続けているが実にこれ三十振袖四十島田である」(『諸国女ばなし』)という白川澄子について書かれているものを発見し、昭和五年八月にはT・S舞踊団として、河合澄子が率いていたエロ・グロ東京大レビューと共に出演していることを突き止めることができた。白川澄子を別格として、葉山邦子、奈良裕子、一條米子、小町君江、南百合子、梅村千代子、間静枝、橋立弘子、遠山弘子、岸邉渚、小原胡蝶など大正期には見られなかった名前が中心となっている。「T・S」とは「東京少女」の略なのであろう。また引き寄せられるように某歌劇俳優の遺品を整理している最中、ある一枚のパンフレットに釘付けとなった。

それは昭和六年十一月三十日に発行された浅草昭和座のパンフレットであった。そもそも昭和座は昭和劇場とも称した吉本興行直営の劇場であり、かつての凌雲閣の跡地に構えていた劇場であった。そのパンフレットに目を通すと、上田五萬樂、砂川捨奴、春風亭梅好、三遊亭遊輔などの名前が並ぶ中、「おなじみの」と前置きに続いて「東京少女歌劇団」の名が出演者に名前を連ねていたのである。その時の演目「ウーマン・ライフ」(編・按・舞　内田敏夫)のサブタイトルには、なんと「東少ランド・ボードビル」とあり、かつてのお伽歌劇の影は見てとれず、また一番の変化は男優を排除した本当の少女歌劇団に様変わりしていたことであった。振付の内田敏雄は浅草オペラ時代の三枚目の端役であるが、団長・鈴木康義の名前が見当たらないところを見ると、時代の流れで色々と状況が変化していき、経営から手を引かなければならない事情でもあったのだろうか。一時的にしろ吉本興行の専属になっていたことに驚かざるを得ないが、色物席の小さな小屋ながらも、古巣の浅草に戻って来ていたことには更に驚かされてしまった。色々な顛末があった末に結局、最後に受け入れてくれたのは、やっぱり浅草の街だったということも感慨深く、かつての全盛期の面影を残すかのように、スター白川澄子の名前が、まだ残っていることがなんとなく悲しく思えた。

そして、そんなことを考えていた矢先、東京のローカルなレコード会社であったオーゴンレコード合資会社で発売された「あんころ蛙」(トンボS六七八)のレコードも奇跡的に発見することができた。これは十吋の通常盤ではなく、子供用の七吋盤で発売されており、かつてのようにレーベルには演者の記載もない。レーベルの情報によると、このレコードが発売されたのは昭和七年から十年の間であり、恐らく東京少女歌劇の一番最後のレコードと推測できるが、意外にもしぶとく東京の片隅でレコード録音も続けていたとは考えもつかなかった事実であった。かつて対抗の炎を燃やした宝塚少女歌劇は、浅草オペラのスター・岸田辰弥演出のもと「モン巴里」を皮切りに、本場パリの舞台を手本とした豪華グランドレビューを続々と上演し日本全国に存在感をアピールし、また浅草の同じ地域の一角にある浅草松竹座では東京松竹楽劇部(松竹少女歌劇)が熱狂的な人気を集め、若いスター水の江瀧子の時代がやって来ていた。その後の東京少女歌劇の消息は掴めないが、劇団の重鎮・白川澄子の行方も気になるところである。

5　アヴァンギャルド・浅草

大正中期、オペラ全盛期の浅草にはオペラ女優に声援を送るために六区の街に足しげく通う下町の小僧や学生ペラゴロの他、自らの思想を主張し、ロシア文学にかぶれ、浅草の街に訳もなく芸術味を求めてオペラに通い詰める左翼インテリペラゴロが存在した。また浅草演芸界を裏で支える黒幕ともいうべき興行師の柿田源吾や喜劇役者の曾我廼家五九郎は自由民権運動の流れを汲む壮士上がりであるし、浅草日本館の初代館主の高松豊次郎や演歌師の添田唖蝉坊《そえだあぜんぼう》、また同じく演歌師の元締めで後には東京市議会議員となる倉持忠助などは社会主義者として活発な活動を行っているのである。更にはロシア革命という時代背景の中、血気盛んな若いアナーキストたちの心を煽ったのは勿論のこと、亡命で浅草に流れて来たバレリーナや楽士たちが、それまでの浅草の土着的な雰囲気に芸術味を加えたことも忘れてはならないことである〔写真1〕。

〔写真1〕　大正10年夏に金龍館へ出演したロシア人バレエ団と、町田金嶺、原せい子、相良愛子ら根岸歌劇団のメンバーが集まって行われた親睦会。遠いロシアに思いを馳せて演者も観客も芸術味溢れる舞台に酔いしれたことだろう。

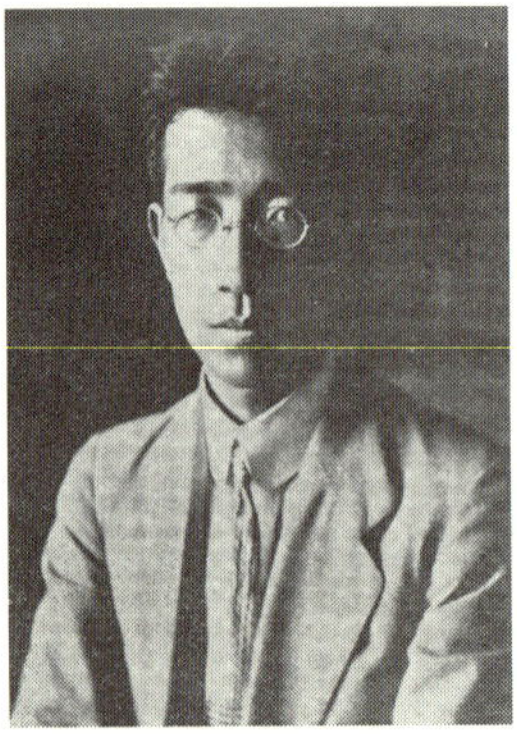

右：〔写真2〕　ピアニストの澤田柳吉（大正７年頃）。浅草の観客の野次に憤慨して、舞台を放棄したというエピソードは伝説と化しており、また半纏を羽織ってピアノを演奏したとも言われている。
左：〔写真3〕　竹内平吉（大正７年頃）後には小林一三に招聘され宝塚歌劇に在籍し、晩年は宝塚歌劇の理事として音楽人生を全うしている。

そんな浅草には常に新しいものの異端なものを求める文学青年たちが意気揚々と闊歩していたのであるが、その中でも浅草伝法院の近くにあったカフェー・パウリスタに通いつめ一杯五銭のコーヒーを飲みながら、社会主義や共産主義を語り合い、また悪魔主義やら享楽主義などと嘯いては熱っぽい議論を繰り返しているグループがあった。このグループはパウリスタの二番テーブルに集ったことから、「二番テーブルの群」とも称されて、浅草の一部の人間の間では有名な存在であった。この中には翻訳家でダダイストの辻潤（一八八四～一九四四）、過激派アナーキストの大杉栄（一八八五～一九二三）、作家の武林無想庵（一八八〇～一九六二）、未来派画家の小生夢坊（一八九五～一九八六）、詩人の佐藤惣之助（一八九〇～一九四二）、後に小説家から日本社会党参議院議員となる金子洋文（一八九三～一九八五）らがおり、彼らは、新興芸術であった表現派・構成派を詩や絵画で体現し、私娼撲滅反対運動を起こしたりして世間から異端児扱いされ、常に特高警察からマークされているような連中であったが、そんな彼らが自己表現の手段として次に目を付けたのがオペラであった。

まず日本でのピアニストの草分けである澤田柳吉〔写真2〕を代表者として、音楽指導が帝劇オーケストラの楽長であった竹内平吉〔写真3〕、後にプロレタリア映画監督として映画界に名を残すこととなる獏与太平（古海卓二）を舞台監督に据え、劇団の俳優陣には大津賀八郎をはじめ、藤村梧朗、石井行

〔写真4〕 活動期間が短いために資料が極めて少ない常盤楽劇団であるが、ことに写真資料に関しては本邦初公開である。前列中央に藤村梧朗、その右が高田昇（後の映画俳優・高田稔）、後列左に写っているのは獏与太平であろうか。

康、笹本光廣、佐藤女六、小生夢坊、生駒邦彦、桜井一郎、高田昇（石井漠門下で後の映画俳優・高田稔）、関清、松浦旅人、熊谷裕、水上葦作、佐藤惣之助、陶田篤太郎（後に川崎市議会議員）、辻潤、浜田卓、徳永政太郎、木蘇穀、服部清子、木村時子、山路千枝子、泉百合子、瀬川鶴子、高田蘭子、林はつ子、京極小夜子、前田芳子、花柳鞠子、竹内鶴子、奈良八重子、天野喜久代、堺千代子という、当時のオペラ界としてはかなり豪華なメンバーを集め、ダダイストとして名を馳せた作家の辻潤、詩人の佐藤惣之助、画家の小生夢坊などの若き芸術家たちが自ら叫ぶ無政府主義を現実のものとするために、素人ながらも進んで舞台に立ったというのだから驚くべきことである。この劇団は常盤楽劇団と名付けられて大正八年五月、浅草観音劇場に於いて初公演を行うこととなった〔写真4、5〕。当時のプログラムによると問題の第一回公演では

愛蘭土劇「羊の足」（グレゴリー・原作　笹本光廣・譯）
喜歌劇「リヤザンツェブ」（獏与太平・作　竹内平吉・作曲）
バレエ「生きむとする心」

〔写真5〕 常盤楽劇団のメンバーによる舞台出演前後のスナップ写真。手前右に藤村梧朗、左が笹本光廣、中央には大津賀八郎、その右に徳永政太郎が写り込んでいる。

描写喜劇「午後五時」
大津賀八郎独唱
象徴劇「谿間の影」（佐藤大魚・譯）
澤田柳吉ピアノ演奏
コミックオペラ「トスキナ」（獏与太平・作、竹内平吉・作曲）

というもので、日本で初めて未来派の様式を舞台装置に取り入れた舞台であったとも記されている。この演目の中でも「アナーキスト」を逆から読んで特高警察を煙にまいたという左翼演劇の先駆け、泥棒の鑑札を持つ掏摸《すり》が登場する獏与太平作の風刺オペラ「トスキナ」が出色の出来で、特高警察にマークされながら社会主義を織り込んだオペラを上演したことによって浅草オペラ史上異色の劇団として名を残すこととなった。主役の掏摸を大津賀八郎、第二幕で「〽島へおいで、島へおいで、島は平和だ　喧嘩なんか少しもない、ありませんから」と歌うトスキナを演じたのは藤村梧朗であった。内山惣十郎の『浅草オペラの生活』によると引き続いての公演では、

ライトオペラ「鐘の音」（獏与太平・作、竹内平吉・作曲）
オペレッタ「酒の匂い」（獏与太平・作）

ダンス「赤い実」（石井行康・按舞）
澤田柳吉ピアノ演奏
大津賀八郎・天野喜久代　独唱・二重唱
ミュージカルコメディ「新婚旅行」（伊庭孝・作、竹内平吉・作曲）
文士劇「夜の宿（どん底）」（ゴーリキー・作）

というプログラムになっているが、小生夢坊によれば他にも山路千枝子、奈良八重子、堺千代子による「フヰッシャー・ダンス」（石井行康・振付）も上演されたとも言う。特に文士劇「夜の宿」では、後に戦前の大衆音楽作詞家の大家となり東海林太郎が唄う日本調の名作「すみだ川」などの情緒あふれる作品が印象的な佐藤惣之助が、佐藤大魚の変名を使用して主演のワシカ・ペルル役と舞台監督を務めたというのだから驚くよりほかはない。色んな意味で浅草の客たちの度胆を抜くこととなったが、内山惣十郎によれば「素人の演技の上に自分勝手な芝居をしているので、正直言って見られたものではなかった」ということである。

出演者の一人で錠前屋クレシチを演じた小生夢坊によると

私達は帝都の最も繁雑な目まぐるしい浅草公園に『新しい村』を建設した。観音劇場に於いて五月十四日、ゴルキーの『夜の宿（どんぞこ）』を上演した（略）芝居技巧は拙劣であったであろう。しかし、私達の叫びは虚偽から脱した眞實の美しさに輝いていた。（略）切実な人間のどん底の苦しい叫びをば、どんなに私は忠実に真剣に吐露したか。屹度、瞳は光ってゐたであろう。衣装屋は『こんなに汚い衣装の芝居は初めてですよ』と云ってゐた。ボロボロの破れた服を身體に着けたとき私は力強い気持ちで『社會政策の欠陥』を痛罵した。私は思った。徒らに絵筆をカンバスになすりつけることよりも餘ッ程愉快な事だと。全身の踊り上がるところに青春の血がほとばしり出るのだと。私達の為した仕事は永遠に消えないであろう。私達は即ち永遠である。永遠の生命！

（『女盛衰記』大正八年）

と若き革命児らしい手記を残しているが、無名文士たちの独りよがりのド素人演劇が目の肥えた浅草の客に受ける筈はなく、また特高警察による圧力も加わって、旗揚げから二ヵ月も経たない頃に興行先の京都にて解散となってしまった。

関係者はその後、それぞれの道を歩み各界で活躍するのであるが、本来は画家である小生夢坊は一歩踏み入れたオペラの世界に憑りつかれ、数年を経て東京オペラ座なる新らしい劇団を旗揚げ。小生が舞台監督に収まり、金子洋文が顧問として、東北から北陸まで、地方を中心に興行して廻ったが、一時的ではあるものの一條久子や堺千代子、岡村文子、歌川るり子、伊達龍子、また当時の小生夫人であった奈良八重子などスターの参加もあって人気を集めていたこともあり、台湾まで興行を行った形跡も残っている。また小生の本職である画家としての才能を生かして舞台美術にドイツ映画『カリガリ博士』ばりの表現派を取り入れたり、かなり個性的で斬新な舞台を作り上げていくこととなる。また大正十二年一月に行われていた岐阜公演では「カルメン」を上演し、カルメンを奈良八重子、エスカミリオを石井行康、ドン・ホセを保瀬薫が演じていたが、上演前に地元の警察署で検閲を受け上演許可が下りていた筈であったが、ホセが隊長のスニガに歯向かう場面が軍人精神に反するということで舞台上演中、憲兵隊によって強制中止させられるという事件が発生し、東京の歌劇界にも話題を振りまいた。そしてメンバーの入れ替わりは他の劇団同様に激しいものであり、大正十三年早々には小生が諸事情により手を引くこととなるも、雑誌「歌舞」の編集部長であった永島不二夫らによって継続され、朝鮮でも興行している。しかし当時は次の興行場所まで辿り着くだけの旅費を稼いで旅を続けるというギリギリの侘しい劇団が数多く、この東京オペラ座も大正後期に貧窮の極みのなかで解散したと推測できる。また獏与太平は、自身の「トスキナ」が不遇に終わってしまったことが心残りだったのか、盟友である小生が主宰する東京オペラ座に参加していた際には、「トスキナ」の歌詞の一部を転用した「ネオ・ミリタリズム（新軍国主義）」（竹内平吉・作曲）を制作し上演。地方を中心に公演を行っていたためか、記録に残るような特高警察からの特別な圧力もなかったようで度々再演もされ、獏の代表作として挙げられるようにもなり、さぞかし気持ちよく溜飲を下げたことと推測できる。

パンタライ社の登場

そんな大正の浅草に突如として現れたのが、その頃の浅草の裏面を語る上で欠くことのできないパンタライ社である。パンタライ社は浅草馬道七―一に事務所を構えていた政治団体兼女優派出所で、東京瓦斯の創立者・久保扶桑の妾腹の子である黒瀬春吉が責任者を務め、大杉栄、澤田柳吉、辻潤、曾我廼家五九郎らが顧問に収まっていた。黒瀬春吉は非常に奇天烈な人物として多くの逸話を残しており、その最たるものとして語り継がれているのが、寄席芸人だった立花屋歌子に惚れ込んで自らの小指を切り落とし彼女に送りつけたという事件で、それだけでも奇人変人として数えることができるが、送り返された小指をミイラにして認印として使用し、またその際に同封されていた書簡を自宅の客間に飾っていたとも言われている。生涯で二十数人と言われる女性と入籍・離婚をくり返し、大正六年一月にはその頃の妻であった青柳雪枝と小生夢坊との重婚を許し、辻潤の仲人で新聞社に公開状まで送付し、世間を騒然とさせたこともあった。そんなエピソードに事欠かない怪人

〔写真6〕 若草民子（大正12年頃）。

〔写真7〕 花園歌子。

物であるが、自己PRに非常に長けた人物でもあり、「資本と労働」という新聞を発行し、「悟助」「グリル茶目」等の飲食店を経営し、更にはスパイ業を営むなど、胡散臭い印象が強いものの現在で言うアイデアマンではあろう。そもそも「女優派出業」というのはパンタライ社の専売特許とも言える当時としては考えもつかないような稼業で、芸者の代わりにお座敷に出かけて行きストリップまがいのダンスを披露して座を賑わすというものとされているが、実際は売春も兼ねていたと思われる意味深な記述も多々残されている。その顧客は役者から政財界まで幅広く大変な繁盛を見せたが、一方で古い芸者屋などから多くの非難を寄せられたのも事実で、三業組合からは締め出しを喰らい花柳界で物議を醸したともいわれている。更に大正十一年には浅草オペラ隆盛の影響を受けて「享楽座」「ジプシー歌劇団」と新たな団体を結成。ここで浅草オペラと繋がるのであるが、黒瀬は自らの芸術世界を創造させるため、女優募集の新聞広告を出して団員を募り、特に労働経験者を優先して採用。ダダイストの辻潤や成田ばろんを幹部俳優に、若草民子〔写真6〕、

上：〔写真8〕 梅村勝代（大正12年頃）。
下：〔写真9〕 青柳雪枝（大正12年頃）。

花園歌子〔写真7〕、梅村勝代〔写真8〕、香川静枝、青柳雪枝〔写真9〕、若草マリ子、三條文子ら飛び切りの美人女優を揃えている。

黒瀬は営業開始にあたり声明文を発表しており、その一部を引用すると

「私達はけっしてソンジョソコラのドエライ女優さん方のやうに、やれ帝劇には出演するが公演には出演しないの、公演には出演しても待合には出入りしないの、待合には出入りしても淫売はしない、淫売はしてもパンタライ社には出入りしないのといふやうなきいた風な事は申しません。私達は生活のためとあれば日本一の大劇場でも、場末の寄席でも、大道でも（もちろん四畳半のお座敷でも）、平等一様に出演して私達の「芸術」を極めて安価お手軽に販売します。コケオドシや食はせ物でない、ほんとうの生きた血と涙との「芸術」が欲しい人はいつでも御遠慮なく御下命を願います」

と、一流と呼ばれる富裕層に真っ向から対抗した姿勢を伺い知ることができる。更に重要メンバーである辻潤

が享楽座創設の際に寄せた「享楽座（ラ・バリエテ・デピキウル）のぷろろぐ」という詩も残っており、その一部を引用すると

「ダダはスピノザを夢見て
いつでも「鴨緑江節」を口吟んでゐる。
だから白蛇姫に戀して
宿場女郎を抱くのである。
浅草の塔が火の柱になって
その灰燼から生まれたのが
青臭いラ・バリエテ・デピキウルなのだ、
万物流転の悲哀を背負って
タンボリンとキャスタネットを鳴らす
紅と白粉の子等よ！
君達の靴下の穴を気にするな！
ひたすら『パンタライ』の呪文を唱へて
若き男達の唇と股とを祝福せよ。
怪しくもいぶかしいボドボルが
そこから生まれ落ちるだらう。民衆芸術のワンタンを食ふな
月経に汚れたブルジョア娘の下着を羨むな

それはバビロニアの唾棄するところだ
帝劇と有楽座を外濠に埋めて
新しいフォリー・バリエテを建設しろ」（以下略）

というもので、大正時代の浅草でこのような詩が誕生していることが非常に意外であり、また面白くもある。そして大正十二年一月には花柳はるみ、秋田雨雀、小生夢坊、佐々木孝丸、金子洋文、今野賢三ら新劇グループである表現座と提携して一流劇場・有楽座にて「享楽主義者の死」を上演する予定であったが、特高警察からの圧力がかかり頓挫する。また当時の享楽座の住所には「室内劇場」とあるが、自前の劇場を所有し、大々的にオペラやオペレッタを上演したものではなく、あくまでもお座敷という小規模の席でアリアや外国民謡などを唄い、ダンスを披露するということに始終したようである。現在、享楽座のダンスはストリップまがいが物珍しく繁盛したという一言で片づけられているが、写真を見る限りではアクロバット的なものが多数見受けられ、そのテクニックは六区の劇場に出演しているオペラ女優もかなわないと言われるほど確かなもので、世界各国の舞踊雑誌を取り寄せた黒瀬がその舞台写真だけを頼りに独自に厳しい振り付け指導を行っていたものであった。特に一押しのスターは黒瀬の当時の妻である若草民子で、前身は紡績工女であるが哥澤《うたざわ》や日舞の名取で、当時日本に紹介されたばかりのジャズの原型と言われるラグタイムを歌わせたら天下一品と言われ、群を抜いたダンステクニックの持ち主でもあり政財界に多くの後援者を有していたという。これらの動きの総括をするならば、全てがデカダンスな黒瀬ワールドの実現のためといえるであろうが、この享楽座も大正十二年九月一日の関東大震災により消滅。この前後に専属女優であった花園歌子が黒瀬の子を身ごもると黒瀬は若草民子を離縁し、花園と入籍。ところが花園が出産を済ますと早速離婚し、今度は花園を養子として迎えるという不可解極まりない行動に出ているのである。震災でカルチャーショックを受けたのだろうか、団体を治めるという考えから転向したらしく、続いては花園歌子を自らの手で一個の芸術品として創り上げるべく全てを賭けるようになる。洋舞は勿論のこと、日舞から話術、はたまた美術の知識、文筆家たらんとする教育まで、ありとあらゆる教養を叩きこんで新橋で妓籍を取得させ「モダン芸者」「文学芸者」として御披露目し、変わり種芸者として評判となった。『芸妓通』（四六書房・一九三〇年）なる書を出版したり、芸者衆にダンスを教え込んで日本橋レビュー団を結成したりしたが、女黒瀬の出現に世間の目は好奇の眼差しを向け、突飛で変な女として名を馳せるようになる。一方、震災後のその他の残党は一時期パンタライ社の業務を引き継ぐような形で営業していたというが不振のために解散し、専属女優であった香川静枝はサイレント映画の陰唄歌手の第一人者としてささやかながら名前を残した。またパンタライ社の看板スターであった若草民子は活動拠点を関西へ移し「モダン芸者」の本家として引っ張り凧の華やかな生活を送り、ダンスホールでダンサーになったり、レコードを吹き込んだり、流行歌の作詞をしてみたり、その活動は多彩で多岐に渡っているが、そのうち橘瑠璃子と改名しダンス教習所を開設。ところが経営は思わしくなく、更に九州興行での御難も追い討ちをかけて解散。帰京後、鳥取春陽らヴァイオリン演歌師たちのグループの一人で、大正後期に「ピエロの唄」「恋慕小唄」「月は無情」などのヒット曲を放った松崎質《ただし》と恋仲になり、大阪へ流れたのが運の尽きであった。松崎が大阪の演芸組合の相談役に収まったものの組合費を使い込み、その発覚を恐れて競馬での一儲けを企むも失敗続き。大阪にも居場所がなくなり、流れの果てに辿り着いた群馬県の山の中で、若草民子と松崎質の二人は相抱いて服毒心中を遂げたのであった。

肝心の黒瀬はというと、花園歌子が満州興行中に日本で没したとも、満州事変下に行われた朝鮮・満州旅行中にチフスを患って亡くなったとも伝えられているが、昭和九年に発行された「花園歌子パンフレット」に一文を寄稿しているので、少なくとも昭和九年までは存命していたと考えられる。その後の花園歌子は昭和十六年に作家の正岡蓉と結婚し、浮世離れした二人ならではの夫婦生活を築いていたが戦後に離婚。関係者の中では妖婦として名を馳せていくこととなる。

フォトコラム4　「根岸歌劇団」

浅草オペラを代表する歌劇団として近代芸能史にその名が刻まれる根岸歌劇団。多くの先人たちにその名を謳われて来たものの、やはり写真資料は乏しく、読者の想像の中だけでの存在であったと言わざるを得ない。まとまった形で根岸歌劇団の写真が公開されるのは約90年振りであるが、大正ロマン円熟期とも言うべき時代の舞台やスターの様子は、今見ても心魅かれる。

「ブン大将」（大正8～10年頃）。中央に写るのはブン大将を演じる藤村梧朗。独特の舞台化粧が浅草オペラの楽しい雰囲気を如実に伝える。

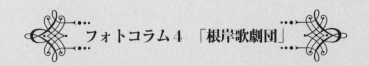

右：「ブン大将」（大正12年2月上演時？）で主役の女公妃殿下を演じる清水静子。安定した歌唱で夫・清水金太郎と共に一流歌劇団には欠かせない存在であった。

左：「ボッカチオ」で男装しボッカチオ役を演じる清水静子。大正10年頃の舞台で上演した際のものだろうか。

下：「ボッカチオ」（大正11年6月上演）。右から藤村梧朗、清水金太郎、柳田貞一の御馴染み三馬鹿トリオ。この扮装で「ベアトリ姉ちゃん」を陽気に歌い踊った。

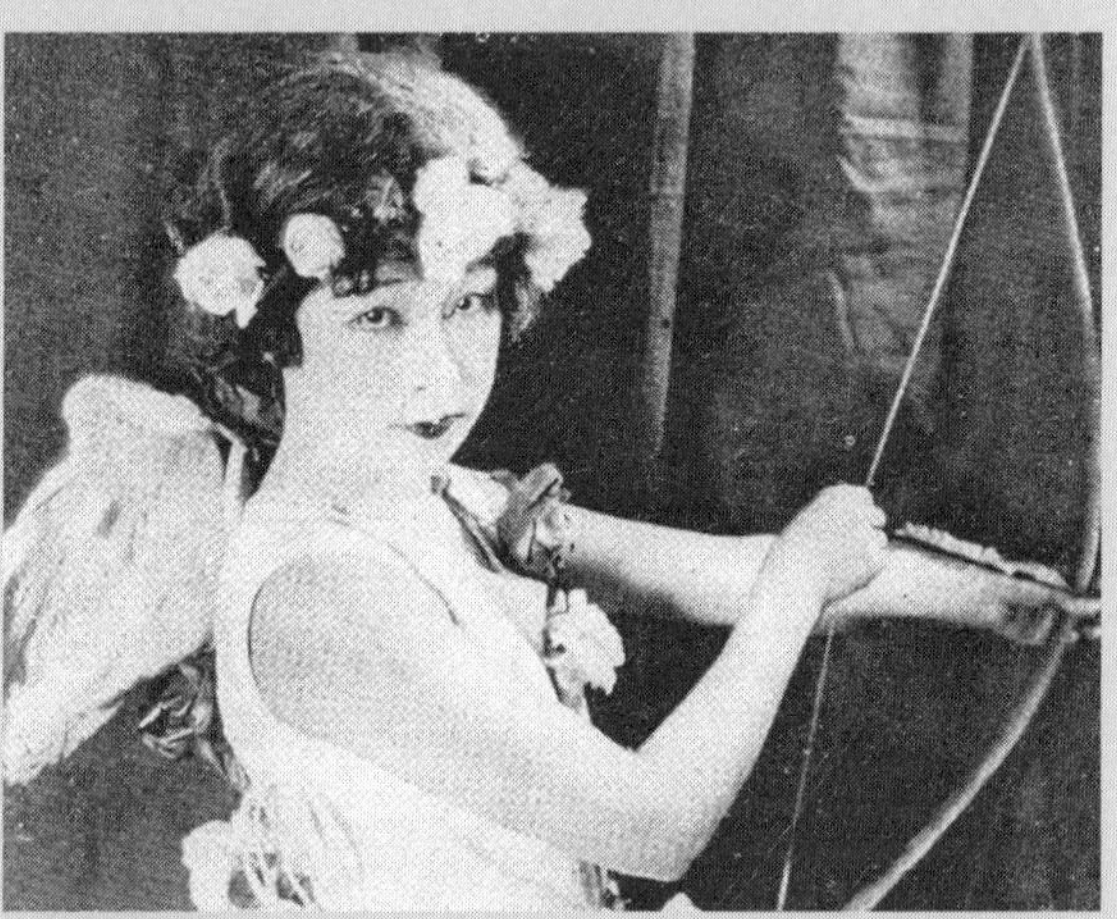
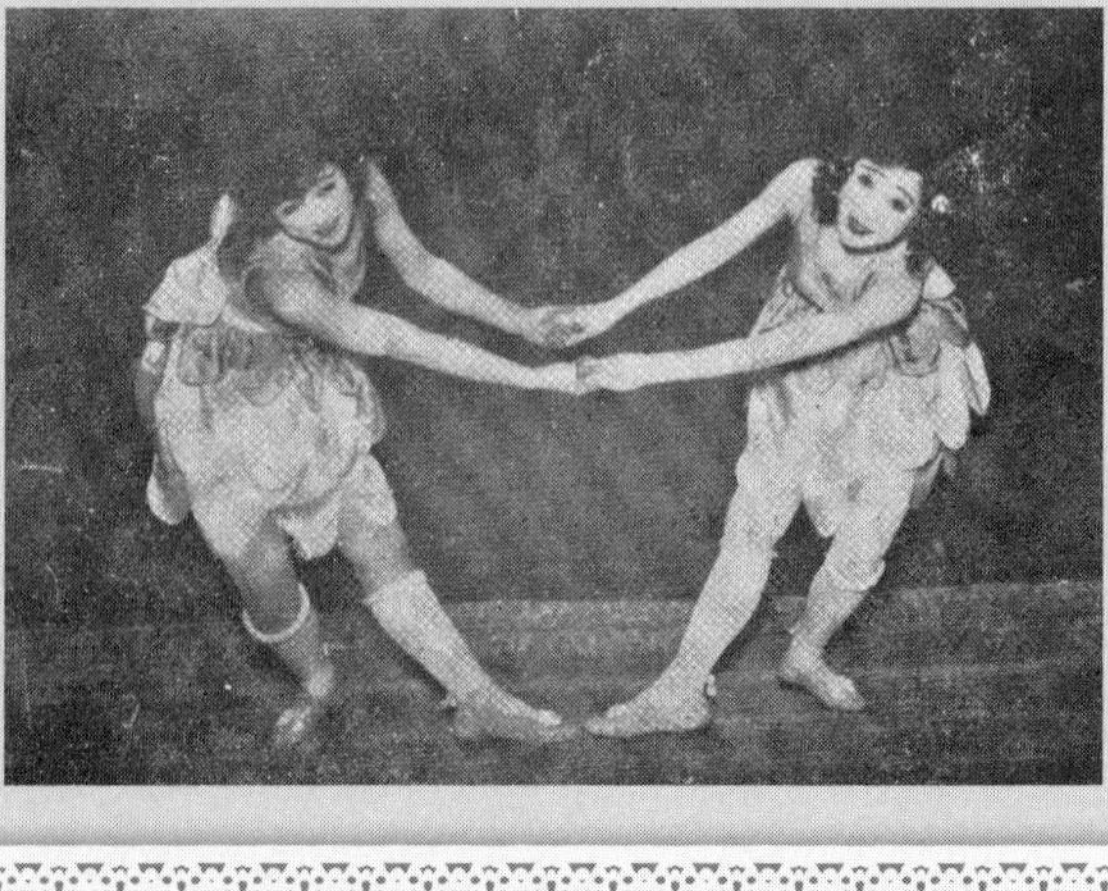

左上：「女の力」（大正 12 年 4 月上演）。上演前後に舞台の袖で撮影されたスナップ写真で、右が園かおる、左が明石須磨子。後方には忙しく働く大道具も写り込んでいる。

右上：根岸歌劇団きってのアイドルであった相良愛子が、大正 10 年頃に舞台で人魚に扮した時の 1 枚。現代的な美貌に仄かなエロチシズムを感じることができる。

右中：「天国と地獄」（大正 10 年 8 月上演）。須田笑子が演じたキューピット。

右下：怪しい雰囲気が漂う大正 11 年頃のボードビルの舞台で、右が堺千代子、左が相良愛子。このアングラな感じが当時の若者の心を惹きつけたのだろうか。

上：根岸歌劇団で上演された「女軍出征」の舞台写真で、大正 11 年 4 月か 12 年 1 月上演時に撮影されたもの。浅草オペラの十八番であり、事あるごとに再演された。
右下：「トラバトーレ」（大正 10 年 8 月上演）。ルナ伯爵を演じる糸井光弥。糸井は準主役級として、どんな役でも器用にこなして重宝された。
左下：アイドル的人気はなかったものの実力者として権威的存在であった安藤文子（大正 10 年頃）。

右上：素顔の須田笑子。撮影場所は浅草伝法院であろうか、クラシックなカメラが時代を感じさせる（大正11年）。

左上：浅草オペラ屈指の美人女優として人気を集めていた松木みどり（大正10年頃）。

右下：有楽座のお伽劇出身の石田雍。甘いマスクで若い女性から人気を集めたが、演技力にも定評があった（大正10年頃）。

右：根岸歌劇団の青春コンビともいえる相良愛子と北村猛夫の舞台（大正十二年頃）。
左：相良愛子（大正十二年頃）。

右：震災直後に関西興行で上演した「唖旅行」（大正十二年九月上演）で米国士官を演じる町田金嶺。町田は田谷力三と共に根岸歌劇団の主演二枚目として活躍し、人気を二分した。
左：ダンスを得意として相良愛子や堺千代子らに並ぶ人気を集めていた中村米子。この写真は昭和初期のレビュー時代に撮影されたものである。

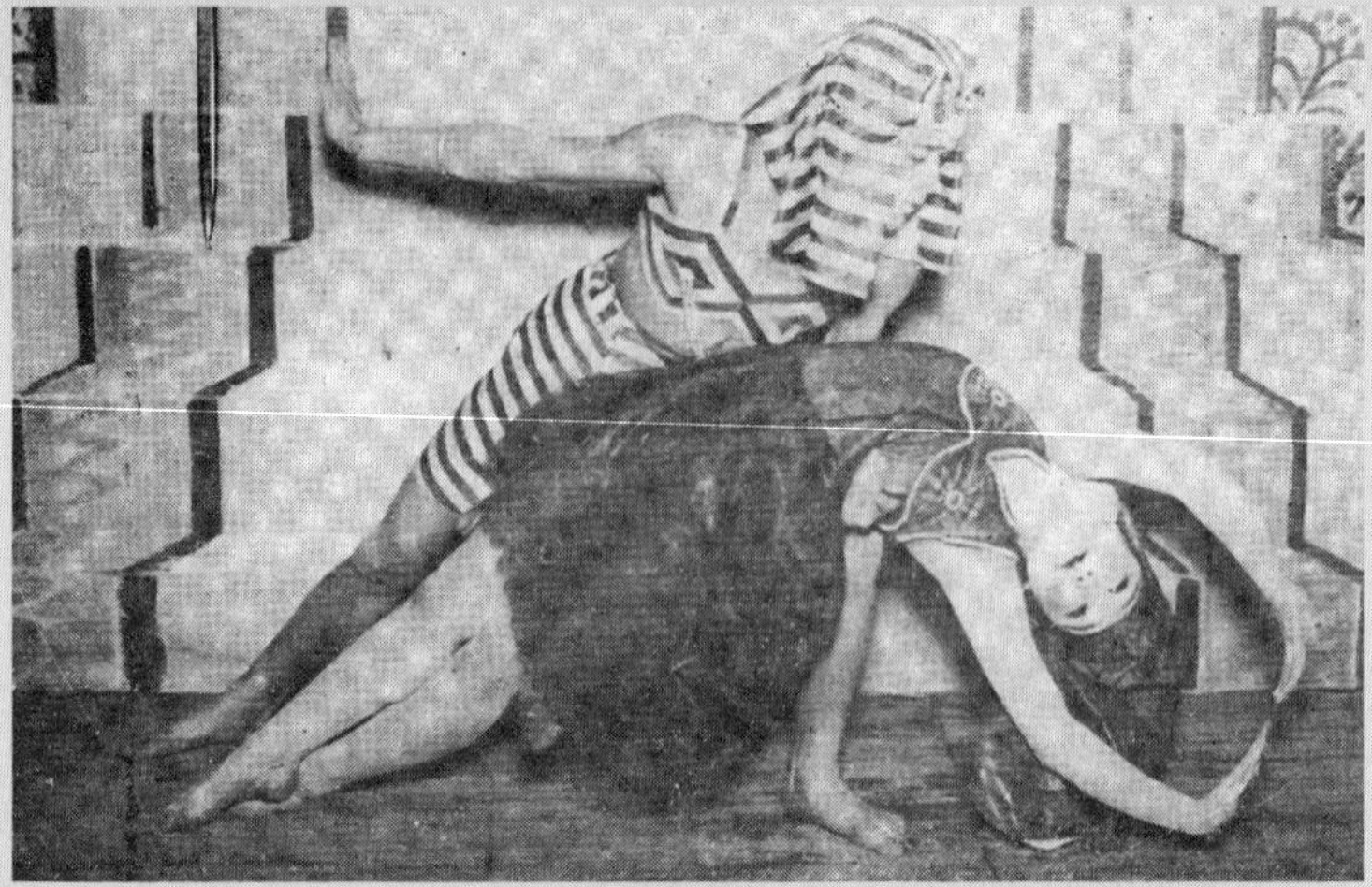

上：マセロ按舞「舞踊小品」（大正11年12月上演）に出演する澤マセロと相良愛子。マセロはクレオパトラ風の衣装を着用しているが、どのような創作舞踊だったのか興味深い。

下：喜歌劇「マスコット」も浅草オペラの人気作品で、根岸歌劇団でも度々上演されていた。写真右から一人おいて松山浪子、藤村梧朗、明石須磨子。

6 「女軍出征」考

浅草オペラ史を通して最も多く上演された演目、それは恐らく和製オペレッタの「女軍出征」〔写真1〕であろう。大正六年一月二十二日に浅草常盤座〔写真2〕で初演された時の様子は「連日大入り満員で、帰るお客が出ることも出来ず、大道具師が太い竿で客席から吊り上げて楽屋口から帰すといふ騒ぎ」（談・内山惣十郎）だったというのだから、その爆発的人気ぶりは想像を絶するものがある。その後、「女軍出征」の上演は大劇団から地方回りの劇団、実態のよくわからない泡沫歌劇団まで広範囲に渡り、また記録に残っていないものまで含めると、おおよその数さえ掴めない。歌劇団はもとより、オペラ人気に便乗してサーカスの有田洋行會までが「女軍出征」を上演している有り様なので、その注目度の高さには驚かざるを得ない。

この「女軍出征」は浅草オペラの隆盛を迎えるきっかけ

〔写真1〕 高木徳子一座「女軍出征」（大正6年1月上演）浅草常盤座で初演された際の記念すべき一枚。後列左端が高木徳子、前列左から2人目が伊庭孝である。

〔写真 2〕「女軍出征」を上演した大正中期頃の浅草六区。写真右手に写るのが常盤座である。

〔写真 5〕 初演に出演したメンバーが数多く参加していた東京歌劇座による「女軍出征」のレコードレーベル。オリエント盤よりも伊庭孝の脚本に忠実に演じられている。

〔写真 3〕 京都の東洋蓄音器合資会社で録音された喜歌劇「女軍出征」のレコードレーベル。レーベルには演歌師の塩原秩峰と柏村貞雄の名前のみが記されているが女声も複数出演しており、高木徳子一座も録音に参加した可能性もある。

となった記念すべき作品であるが、何故そこまで当時の日本人に受け入れられ浸透していたのであろうか。その検証を行うために多くの諸先輩方が関係者遺族をあたったり、あちこちの図書館で蔵書を調べたり奔走されたのだが、運悪く「女軍出征」に限って原作及び脚本は発見されず、関係者の話や当時の新聞や評判記から抜き出した粗筋を、辻褄が合うように繋ぎ合わせ、大体そのような内容だろうと推測されてきた。ところが一方では本当の筋は違うらしいなどとの噂も立って、すっかり攪乱させられてしまっていた。ところが或る時、大正七年に発売されたと推測できる「女軍出征」塩原秩峰、柏村貞雄（オリエントA一四一三／A一四一四）〔写真3〕の珍品レコードを入手する機会があった。内容は通説通りのものではあるものの、高木徳子〔写真4〕一座やその関係者が演じたものではなかったので、なんとなく信憑性が薄く納得出来ない部分があったまま、しばらくしてから東京レコードより発売された「女軍出征（上）（下）」（東京一一六五／一一六六）〔写真5〕も入手。

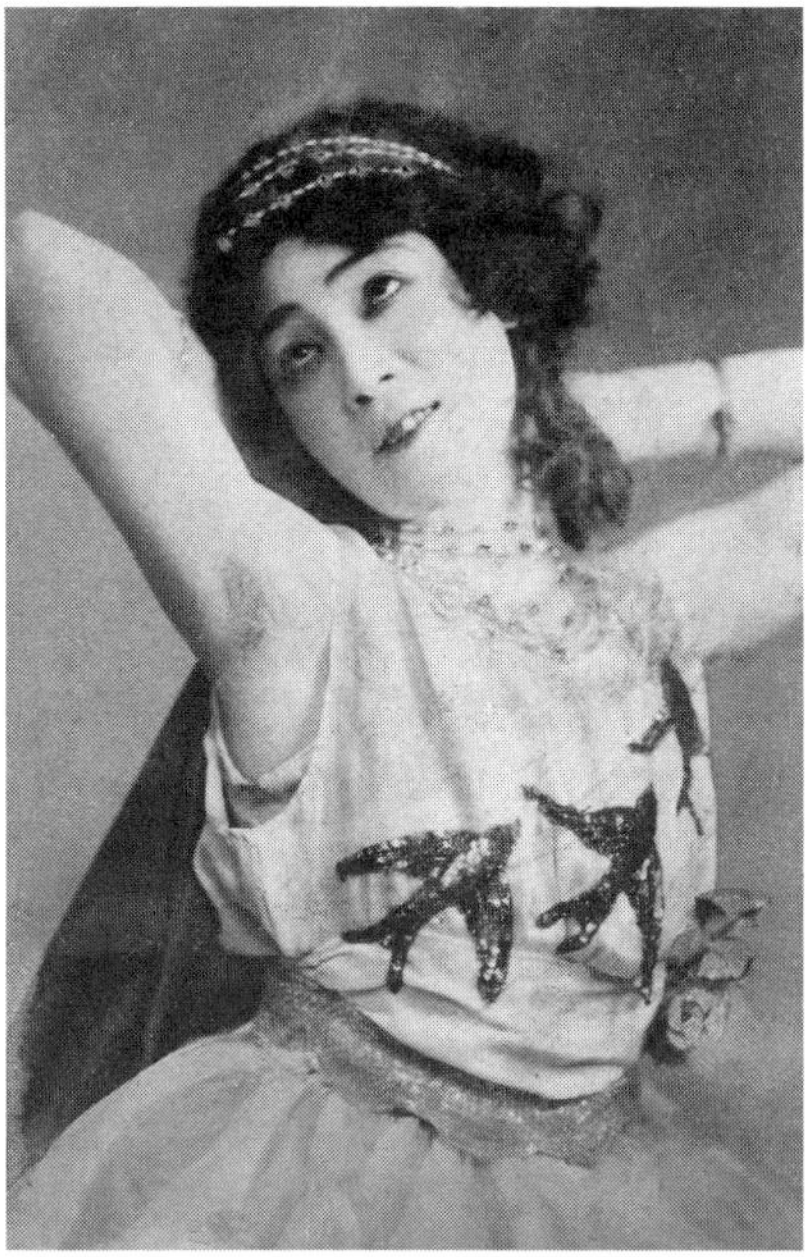
〔写真4〕　高木徳子（大正6年頃）。

確認してみたところオリエント盤とはセリフに多少の相違はあるが、おおよその粗筋は同じで、こちらは石井漠、澤モリノのグループである東京歌劇座が演じているものなので（高木徳子一座で上演した際の初演メンバーも複数含まれている）、多少信憑性は高くなるものの、やはり「伊庭孝・作」の記載など決定的な証拠がないので半信半疑のまま、特に発表するチャンスもなく時は経過していったのであった。

　それからずっと心の片隅に引っかかりながらも答えを出せずにいた或る日、遂に浅草オペラ史からすっぽり抜け落ちていた「女軍出征」の脚本を発見したのであった！ この脚本の出現によって、諸先輩があちこちから繋ぎ合わせた粗筋、またレコードに吹き込まれた筋が高木徳子一座で初演されたものに間違いないということが証明された。また脚本を読み進めていくうちに、現代の喜劇にも必要不可欠な幾つかのキーワードがしっかりと取り入れられており、浅草オペラの元祖であると共に東京喜劇のルーツであることを思い知らされたのであった。

そもそも、この「女軍出征」は、高木徳子一座で上演する演目として、大正三年に勃発した第一次世界大戦下という時代背景のもと、伊庭孝が練り上げた筋を、内山惣十郎によって纏めたものであった。浅草オペラの代表的作品とはいうがオリジナル曲などは織り込まれておらず、当時欧米で流行していた「チッペラリー」〔写

〔写真6〕 セノオ楽譜から発売された「チッペラリーの歌」の楽譜（大正４年）。第一次世界大戦中にアメリカで大流行した流行歌で、いち早く日本にも紹介された。セノオ楽譜は竹久夢二による装丁で有名だが、多くの画家によってデザインされている。

〔写真7〕 三條いと子が録音した「ダブリンベー」のレコードレーベル。原語で歌うことが当時の流行となっていたが、「〽カツレツ20銭　ビフテキ　ハムサラダ」という替え歌も広く歌われた。

〔写真8〕 帝劇「夢幻的バレー」(大正4年2月上演)。奥まった中央に高木徳子、帝劇女優劇の藤間房子、ローシー夫人が写っており、脇を固めるのは帝劇歌劇部の生徒たちである。

真6〕や「ダブリンベー」〔写真7〕、フランス国歌「ラ・マルセイエーズ」、または「君が代」などのお馴染みの楽曲を使用しているのみなので、実際のところはオペラ・オペレッタ、あるいはミュージカルとも言い難く、音楽劇・ボードビルと言うべきであろう。誰にでも知られたメロディーを使用していることから、特に音楽に親しみのない初心者にも馴染みやすく安心して観劇できるうえ、憧れの欧米の流行歌を楽しむこともできる。また音楽の素養を身に付けた者が少なかった浅草オペラの俳優たちにとっても難しいアリアやセリフを覚えなくて済むので、当時の観客の心を掴んで上演回数が多かったというよりは、必然的に速成の小さな歌劇団には特に外せない演目になっていたのである。

初演での一座を率いていた高木徳子は大正三年十一月にアメリカより帰朝し、翌年二月には大々的に帝劇にて「夢幻的バレー」に出演〔写真8〕。夜の三越百貨店の玩具部で人形が踊り出すという内容で、ローシーや清水金太郎、歌劇部の生徒に帝劇専属の女優達の助演に、徳子が最も得意としたトゥーダンスを本邦初公開で披露したことによって二十日間の大入り満員。話題を呼んだものの、興行の成功とは裏腹に持ち出しの衣装代が月給の二百五十円を上回ったうえに、ローシーとの折り合いも悪く、後味の悪いものだったと言われている。その後、澤田柳吉と共に音楽舞踊団を結成し東京から横浜、鎌倉を公演しており、また数寄屋橋にあったスケートリンクの二階に帝国ダンシング・スクールを開校。この時代、生徒として河合澄子が学んでいたものの彼女がスターになるのは数年後のことである。華々しい活躍とは裏腹に、元々夫婦仲に亀裂が走っていたことから大正五年三月には夫へ離婚訴訟を起こしたことで新聞を賑わし「新しい女」「問題の女優」として注目を浴びることとなった。そんな最中ではあるが五月には、渡辺春也、竹内朗、浅井豊、花井敏郎（徳子の実弟）、辰見集女、河合澄子、椿きぬ子、貴島田鶴子らの俳優たちに、軍楽隊出身で後に旭少女歌劇団を興すこととなる鈴木康義が楽長になり、そして徳子を座長とした世界的バラエティ一座が旗揚されて、浅草のキネマ倶楽部に出演。この頃には高木徳子一座の唯一と思われるレコード「音楽の力」（オリエント七八二、七八三、七八四、七八五）が二枚組四面で発売されているのが特筆すべきことである〔写真9〕。この「音楽の力」（尾上新兵衛・作）は世界的バラエティ一座が結成された一番最初のプログラムに組み込まれているのだが、徳子出ずっぱりのプログラムで、唯一座員たちのみで上演した演目だったことから実際の舞台では徳子が出演することはなかったのである。従ってこのレコードには徳子の声が録音されている可能性は低いが、世界的バラエティ一座の京都公演の際に東洋蓄音器合資会社にて録音が行

〔写真9〕 高木徳子一座が録音した唯一のレコードとされているお伽楽劇「音楽の力」のレコードレーベル。

〔写真10〕 バレエ「夜中の人形箱」（大正８年１月上演）。舞台出演中に高木徳子の専売特許であったトゥーダンス姿を映した珍しい１枚。この中から多くの弟子が育っていった。

われたことは特に記しておきたい事実である。そして同年十一月には、伊庭孝、岸田辰弥、石井行康、正邦宏、小島洋々、杉寛、野村清二郎、林正夫、花井敏郎、内山惣十郎、澤モリノ、天野喜久代、花房静子などのスター達が集まって新生の高木徳子一座を組織しているが、翌年の正月にはまたしてもメンバーの組み換えがあり、小島洋々、田辺若男、松本泰輔、野村清二郎、杉寛、内山惣十郎、花井敏郎、泉柳吉、石井行康、三ヶ島三郎、澤モリノに徳子の弟子たちとなって、このメンバーの際に「女軍出征」が上演されたのであった。徳子はスキャンダルと共に「女軍出征」のヒットも相俟って世間に名前を売ったもののの、「立派な技量を持ち乍ら、座員の變遷の甚だしかったのは徳子の欠陥の然しむ處」とは愛人であった伊庭孝の言葉である〔写真10〕。以後、徳子一座の変遷と代表的メンバーの名前を記すと

◇大正六年三月から
笹本甲午、原重雄、井田芳美、高瀬実（後の高瀬実乗＝アノネのおっさん）、泉柳吉、花村操、花井敏郎、久保田園江、井深玉枝、楽長・山田敬一

◇大正六年六月から

伊庭孝、高田雅夫、町田金嶺、鈴木之夫、原重雄、井田芳美、矢下新太郎、梅島二郎、高瀬実、花井敏郎、花村操、原せい子、井深玉枝、久保田園江、浅尾工三衛（後の上野一枝＝高瀬実の妹で中村是好夫人となる）、楽長・竹内平吉

◇大正六年十月から（歌舞劇協会）

伊庭孝、内山惣十郎、高田雅夫、黒木憲三、武村精一、林正夫、小林正典、小知清吉、鈴木之夫、泉柳吉、西村省吾、金須文児、花井敏郎、原せい子、武田時子、京極小夜子、桜井富子、月岡千草、松本徳代、中村初尾、大月光子、三好珠子、小松ミキ子、香川静枝、楽長・山田敬一

◇大正七年十月（歌舞劇協会）

伊庭孝、岸田辰弥、石井漠、林正夫、外山千里、波多孝、岡本春經、石田雍、澤マセロ、高須操三、高野哀二、内田敏雄、花井敏郎、正邦宏、花房静子、鈴木花子（後の映画女優・梅村蓉子）、春日夢子、二葉照子、三室龍子、富士峰子、堺千代子、小野貴美子（伊庭孝夫人）、桜井富子、武田時子、守八千代、広瀬初代、楽長・竹内平吉

という短期間で激しく入れ替わっている。

大正七年十一月最後の歌舞劇協会時代には泥沼離婚劇を繰り広げていた夫との離婚が成立したため永井徳子

〔写真11〕 元夫による告白本『狂死せる高木徳子の一生』（生文社・大正８年）表紙。ダンスを踊る徳子のイラストに忍び寄る悪魔のシルエットが衝撃的である。

と改名し、松井須磨子が公演中に自殺したことで一般的にも有名になっていた「カルメン」を引っ提げて大正七年十二月に駒形劇場にて改名披露公演を行っている。一件落着で明るい未来が待っていると思いきや、公私共に徳子を支えていた伊庭孝との別れや、夫に支払った手切れ金の借金問題、また神戸で顔を利かせていた興行師の嘉納健治との切ることのできぬ関係もあって、もともと精神的な病を抱えていたと思われる徳子の心身状態は悪化する一方で、大正八年京都から九州地方の興行を行っていた四月三十日午後九時に福岡県大牟田市の病院にて二十八歳の生涯に幕を閉じるのであった。死後、元夫・高木陳平の口述による聞き書き書『狂死せる高木徳子の一生』（生文社）〔写真11〕が出版されているが、「徳子の狂死を早めたのは興行師の悪辣なる手段が與かって力がある。新たに来る芸術家諸士よ、興行師所謂太夫元なるものに心せよ」とも記されている。尚、東京の下町・谷中にある圓妙寺には、昭和十年に愛弟子の堺千代子によって建立された墓標が現在も存在している。

　ここで幻の存在であった伝説の浅草オペラ「女軍出征」の台本を一部著者の注釈を加えながら全編掲載するが、浅草オペラの隆盛を偲ぶと共に、作者である伊庭孝（昭和十二年没）に最大の敬意を表したいと思う。

歌舞劇「女軍出征」伊庭孝・作

場　面　軍艦アトランチック号甲板

登場人名　艦長、ボーイ、セーラー、日本海軍士官、日本海軍兵曹、日本海軍水兵、スコットランド老兵スコッチ、ドイツ軍事探偵、フランス女士官、イギリス女士官（老女）、アメリカ女士官、ベルギー女士官、イタリア女士官、ロシア女士官、ルーマニア女士官

勇ましい前奏（ラ・マルセイエーズ）で幕が上がると、甲板の上には、ボーイが素敵に大きい四尺餘りの包丁を研ぎ居り、セーラーは立って棕櫚のブラシで甲板を掃除し、スコットランド老兵は、葉巻莨の煙管を口にして、海上を長閑に見る。軍艦アトランチックの甲板には、外には誰もなく、海鳴りの音も聞こえぬ、静穏の航海中と見えた。

前奏が終わると三人は語り始めた。極めて親しく、極めて滑稽に。

ボーイ「オーイ、オーイ、セーラー、セーラー」
セーラー「何だい、何だい」
ボーイ「今度の戦争で連合軍の死傷者が多いんだってね」
老兵「多いとも、それだから世界中の男がね、大変少なくなったんだ」
セーラー「フーム、成程」
ボーイ「そこで今度、いよいよ各国から女軍が戦争に出て来るんだとさ」

セーラー「そうかい、それじゃこの船は、これから、その女軍を乗せて行く訳だね」
老兵「そいつは面白いなあ」
ボーイ「左様さ、俺は女が乗り込むと聞くと、急に働く気になったよ。どうかして今度の戦争が長くなるといいなあ」
老兵「何故だえ、そりゃ」
ボーイ「死ぬまで続くといいな」
セーラー「そりゃ訳はないよ君、死ぬまで続かせるのは容易いよ、例えば君が弾丸に当たって死ぬだろう、そうすりゃ死ぬまで戦争が続いたといえるじゃないか」
ボーイ「馬鹿言っちゃ駄目だ、弾丸に当たって死にでもしたら、それこそ玉なしじゃないか」
老兵「しかし君たち、なんと言っても女のいいのは連合軍側だな」
ボーイ「そうだとも、それに相違ないよ。男の戦争は力の戦争だろう」
セーラー「そうそう」
ボーイ「女の戦争は顔の戦争だからね、そうなってみると無論連合軍側が勝つに決まっているよ」
老兵「違いない、その通りだ」
セーラー「しかし、僕はイギリスの女は傲慢で、乙に澄ましているから、俺は嫌いだよ」
ボーイ「そうかえ、僕はまず大好きなのは、フランスの女だね。あそこは別嬪が多いから一番好きだよ」
老兵「その通り、その通り。僕も大好きだよ、まったくフランスの女は良いなあ」
ボーイ、老兵、顔を見合わせて
両人「いいなァ」

セーラー「君たちはフランスの女の肩を持つが、俺はロシヤの女が一番好きだ」
ボーイ「生意気を言うなえ、そんな事を言うけれど、お前ロシヤの女を知っているかえ」
老兵「こいつは隅におけぬぞ、なんという女だえ」
セーラー「なに、知ってるのは、たった一人だよ」
ボーイ「一人だっていいよ、なんという名の女だネ」
セーラー「それは君たちの前だが、頗る別嬪でネ、名前はカチューシャだよ」
ボーイ「アハハハ馬鹿、カチューシャなら俺だって芝居で見たから知ってら」
老兵「アハハハハハ」
　三人談笑の折柄、焦げ茶色の洋服、山高帽に金縁眼鏡、旅行鞄を携えた異様の紳士突如として現れた。
三人は吃驚してその紳士の顔を三方から覗き込んだ。紳士は腹を立てて。
紳士「私の部屋、私の部屋どこでしゅか、私の部屋どこにありましゅ」
ボーイ「へい、こっちへいらっしゃい」
　と案内し去り、すぐに戻り来って、セーラーの耳に何か囁けば、セーラーは老兵の耳へまた取り継いで囁く。
ボーイ「あれや変な奴だね」
セーラー「嫌な目つきだね、独探かしら……」
老兵「しっ……」
　暫く沈黙は続いて、今便乗を請うた紳士の部屋の方を指さした。セーラーは偶然沖の方を望み。
セーラー「ほーら見ろ見ろ、向こうの方から愈々女軍が乗り込んできたぞ」

ボーイ「いやあ、みんな玉揃いだネ」
勇ましい行進曲と共に、女軍士官六人登場。三人は一人ごとに顔を見ては感嘆するうちに、イギリスの老いたる女士官だけは敬遠して遠くから眺め、恐れ入って引き下がった。
セーラー「いや、これはよくいらっしゃいました。先程からお待ち申しておりました」
ボーイ「エッへへへ、お荷物なら何でも持って上げます」
女士官の一人「どうも、ありがとう」
セーラー「ところで皆さんの名前を聞いてみないか?」
ボーイ「よろしい、ヱー失礼ですが、貴方のお名前はなんと仰いますかナ」
ロシア女士官「私はロシアの女士官、生まれはニジニノブコロットで、アレキサンドレー・エブナ・ステファン・ミハエルスクワイヤと申します」
ボーイ「ホホー長い名前だな、なんだって? 二時に生まれて、三時に捨てられたとさ」
三人「アハハハハ」
セーラーは又一人の女士官の側へ寄り
セーラー「あなたのお名前は?」
ベルギー女士官「私はベルギー、ブラッセルの生まれで、フランチェスカ・ドウ・ペロペロポーリンと申します」
セーラー「アハハハ、ポリポリ齧られちゃ堪らないや」
ボーイ「して、貴方は……」
ルーマニア女士官「私はルーマニア、ブカレストの生まれで、ポポアへツッピー・ポンポラニャーと申します」
ボーイ「おいおい君たち、この方はね、ポンポコポンポコだとよ」
老兵は今まで遠慮して、後方に控えて居たが、堪らぬと見えて前に現れ、先ず頭上に残る七・八本の白髪をなで、赤い鼻を突きだして匂いを嗅ぐように女士官に接近し
老兵「ヱへへへ、あなたは……」……
イタリア女士官「私はイタリア、フィレンツェの生まれで、エレオノーラ・ジョバンナステリリーと申します」
老兵「おやおや、ヒステリーだって」
ボーイ「やっぱり亭主が道楽物と見えるね、こりゃ」
次いでアメリカとイギリスの女士官の姓名を尋ね終わると、
ルーマニア女士官「それでは皆さんキャビンに行きましょう」
女士官全員「ええ、行きましょう」
ロシア女士官「おいこらボーイ！ 何をグズグズしてるんですか。早く私たちの案内をなさい。少しは軍国の精神を発揮して貰いましょう」
ボーイ「はいはい、大変忙しくなったゾ」
（チッペラリー合唱）
女士官は一列になってキャビンへ去る。最後に残ったイギリスの老女士官に対し、ボーイとセーラーが近寄らんとすると、キッと睨みつけられ、両人はコソコソ退くを見て、冷笑しつつ女士官は去った。
セーラー「あヽ行っちゃった行っちゃった、どれもこれもお転婆だな」

（ラ・マルセイエーズ）
セーラー「艦長、今度はフランスの女軍がみえました」
　フランス女士官登場。きらびやかな軍服、噂された程あって、美しい点に於いても他の士官に勝る。
艦長「これはこれはようこそ、佛蘭西の士官でいらっしゃいますか」
フランス女士官「これはどうも皆さん、恐れ入ります。私のような者を此のように御歓迎くださるとは、甚だ光栄に存じます」
艦長「然し之から船が出帆しますと、敵の砲弾が飛んできたり、またはドイツの潜航艇がやって来ますが、それでも皆さん恐くはありませんかナ」
フランス女士官「私共は敵の砲弾などは少しも恐れては居りません。我々婦人は戦線にある男子の後援擁護たるに飽き足らずして、自ら剣を抱いて戦線に立たんとするものであります」
セーラー・ボーイ「ブラボー！　ブラボー！」
　一時、船室に退いた他の女士官は、みな甲板に出て来た。その折柄、密と砲塔の影から窺うは、先刻便乗を請うた怪しの外国紳士である。
フランス女士官「艦長お聞きください。我々婦人は戦争が始まると同時に一切の贅沢をやめました。そして電車の車掌は女になり、巡査も女となり、消防夫もまた女となりました」
スコットランドの老兵、大きな鼻を聳やかして
老兵「そして看護婦も女となりました」
一同「アハハハハハ」
艦長「いや、男子も及ばぬご決心には、敬服のほかはありません。先ず、あちらで御休息なさい」

女士官はキャビンへ、艦長は艦長室へ去り、老兵、ボーイ、セーラー三人は、女士官の荷物を運び来たり、トランクの中から古い女のスカートを引き出して匂いを嗅ぎ、臭気に閉口するおかしみあり。結局ボーイはそのスカートを腰に纏い、女の風をしてセーラー相手に軽い音楽につれてダンスを始めた。それが済むと三人は一時そこから居なくなり、甲板上に人影が絶えた。

そこに窺い寄って来たのは怪しい外国紳士である。

彼はキョロキョロと四辺を見廻し、葉巻莨を喫しつつ、ポケットから一通の書簡を取り出し、気を配りながら読み始めた。

フランス女士官登場。怪紳士は慌てて書簡を懐中へねじ込んだ。女にかけては頗る弱い紳士は、女士官の容貌に見とれてニタニタと笑い出した。二言三言言葉を交わすうち、女士官は握手すると見せて紳士の手を取るや否や、忽ち紳士へ手錠をかけてしまった。紳士、仰天怒声を張り上げて。

紳士「私、どうするありますか、無礼です。失礼です」

ドタドタと馳せ集まった女士官、艦長、セーラー、ボーイ、老兵などは、怪紳士の周囲をすっかりと取り巻いた。

女士官は彼の懐中へ手を入れ、取り出した書類は何？　全く敵国へ通信する連合軍の秘密である。一同は顔を見合わせて驚いた。そして慌てて騒ぐ紳士、実は独探は甲板から海の方へ連れて行かれた。多分、水葬に附せられたのであろう。

艦長「男子も及ばぬご決心と行動には、敬服のほかはありません。それでは愈々出帆の用意に取り掛かりましょう」

指揮刀を抜いて命令を伝えると、フランス女士官も剣を抜いた。

フランス女士官「気を付けい！」
ボーイ「ヱっ、火をつけろって……」
　忽ちドーンと大砲の音が轟く。
艦長「おう、敵艦だ。各員戦闘準備……」
女士官一同「キャー」
　と打ち倒れる。セーラーも、ボーイも、ウロウロしていた。老兵も突っ立っていたが、みんなが倒れるのを見て、自分も人のなかへ割り込んでノッソリ然と横に寝る。セーラーは聴て頭をあげて、沖の方を眺め
セーラー「あ！沖に日本の軍艦が見える、軍艦が見える」
女士官「ああ、そうですか」
　一同は忽ち起き上がった。老兵ものっそりと起き上がる。
艦長「お！日本の士官が見えた……」
日本の海軍士官、兵曹、水兵四人登場。一同敬礼する。
日本士官「どうです皆さん、我が日本の軍隊が来れば、さしもに激しい砲声もパタリと止んだではありませんか」
フランス女士官「今更ながら日本の武力には敬服致しました、成程これでは日本には女軍の必要がない訳です」
イタリア女士官「女はやっぱり台所の番をしているのが女の本分ですわネ」
ロシア女士官「あ、今頃は家で、良人がジャガイモを煮て待っているかも知れない。早く帰りたいワ」

日本士官「皆さんは此の一航海によって、女子の本分に立ち帰られたということは、慶賀の至りに堪えられません。わが日本帝国の女子は、女子の本分を守る点に於いては世界第一であります。どうか此の戦争が済みましたならば、是非とも、我が国に御観光あらんことを希望します」

兵曹「ヱヱ、我が国には春夏秋冬、絶えざる花を以てその風土を飾っております。一月には松を飾り、二月には梅盛り、三月には桜咲き、四月には藤咲く、五月には潮来出島の真菰の中で菖蒲がチラチラと咲いております。六月には牡丹に蝶が戯れ、七月には萩の床に猪が眠って居ります。八月には山に月出で、九月には菊開き、十月には紅葉に鹿がケンケンと鳴いております。十一月には雨降り、十二月には桐の花が散る。斯く四時の花の絶えざる日本にお遊びにお出でになるならば、特に正月の松、三月の桜、八月の月、十二月の桐、十一月の雨に御光来あらんことを希望します」

一同「ブラボー！ブラボー！」

艦長「それでは皆さんは愈々お国へ帰られる気になりましたか、それでこそ女です。サア船の方向を転じましょう」

フランス女士官「しかし艦長、一体この船をどこへやるのです」

艦長「ダブリンベーへ行きます」

一同「万歳……」

　これより「ダブリンベー」の合唱と共に、分列式が始まる。勇ましい管弦楽の響きと共に、各国の服装せる女士官と、日本海軍士官、兵曹、水兵、艦長、ボーイ、セーラー、スコットランドの老兵までが、悉く踊る。右に左に前に後ろに、金色と銀色の肩章は触れる、赤や紫の上着が風に翻る。流るるような奏楽のうちに、幕が下りる。

「女軍出征」について

以上がオリジナル版の「女軍出征」である。そもそも、この「女軍出征」は伊庭孝の作とされているが、実際のところ相方とも言うべき内山惣十郎に自宅で寝ころびながら口述したものを、内山が便箋七、八枚に走り書きし纏めたものから誕生したもので、他愛もない内容ではあるものの当時の浅草で上演された創作オペレッタの見本というべき作品である。しかし、その内容は約百年前に書かれたものとは思えないほどに色鮮やかであり、大正時代には異色の存在だった浅草オペラは実は時代を先駆けていたことが、ひしひしと伝わってくる。

この台本を読んでいると

「連合軍の死傷者が多く遂に女軍が戦争に繰り出す」（実際に戦争中という時事的話題）

「フランスの女は別嬪だからいいなァ」（色っぽい話題）

「俺はロシアの女が一番好きだ／お前ロシアの女を知っているのかい？／頗る別嬪で名前はカチューシャだよ／カチューシャなら俺だって芝居で知ってら」（巷で評判の芝居の話題）

という、喜劇を上演するにあたって大変重要な柱といえるキーポイントを随所に無理なく取り入れ、上手くまとめられた脚本は現代に於いても案外に少ない中、この「女軍出征」はその点が明確になっているので、単純ではあるが現代に通じる喜劇の教科書的作品とも言える。また、イギリス、アメリカ、ベルギー、イタリア、ロ

〔写真12〕 徳子からの信頼が厚かった原せい子も「女軍出征」のフランス女士官を演じた１人である。

シア、ルーマニアの各国女軍を演じる美しい女優が続々と登場し、前半で最も盛り上がる場面を迎えるが、セリフの少ない各国女軍を演じるのは若手のアイドル女優たちであり、それぞれの自己紹介場面ではファンたちが熱狂的な声援を送ったと想像ができる。初演でアトランチック号の艦長を演じたのは作者である伊庭孝で、各国の女士官は高木徳子の愛弟子で大正五年の秋に編成されたばかりのユニット「五徳」（徳春＝二葉夢子、徳代＝松本徳代、徳衛＝白川澄子、徳野＝村瀬菓子、徳千代）及び、澤モリノ、そしてイギリス女士官を演じたのは後に新国劇の元老と言われる野村清一郎で、一際美しく輝くフランス女軍士官を演じるのは一座の花形・高木徳子であった。大正七年正月東京歌劇座の再演では澤モリノが演じ、その他にも原せい子〔写真12〕、木村時子、岩間百合子などが各劇団で演じており、同役を演じることが歌劇女優のステータスになっていたと言われる。その他、セーラーには帝劇歌劇部出身の小島洋々、ボーイには石井行康、老兵には後に帝国キネマの看板俳優となる松本泰輔、また日本海軍士官には新劇畑の田辺若男、兵曹長には杉寛が配役され、脇を固めたのであった。

当時のペラゴロたちは「女軍出征」についてどのように書いているのかというと、全盛期には特に酷評も好評も目につくものは確認できないが、浅草オペラが衰退し始め、マンネリ化が進むと

「投売防止の政府でしたのか、此の頃の脚本の出ない事。アレ、今週も女軍出征なんて事実だ」

（「オペラ」大正十年三月号）

「女軍出征」「海浜の女王」の如く、何といふ愚劣さだ（略）女の兵隊さんがアトランチックの艦上でままごとをするなぞとアホラシイ考へ」

（「オペラ」大正十二年二月号）

のような記事が登場しはじめ、浅草オペラが進歩しない大きな原因のように書かれることが多くなって来る。震災後になるとその傾向が強くなり「幾年たっても『女軍出征』や『カフェーの夜』でもあるまいに。困ったものである」など異口同音の言葉がペラゴロらによって多数投稿されている。「女軍出征」が浅草オペラを代表する作品であり続けたということであろう。

私としては浅草オペラ百年を目前にして奇跡的に台本を発見でき、本書に掲載できたことは、この上ない喜びといえる。

7　或るバレリーナの生涯〜澤モリノ

今、手元に一通の手紙がある。青いインクの万年筆でしたためられた手紙に目を落とすと

「いつも御無沙汰ばかりしております。書けない程いそがしい事もないのに、滅多に御便りもしませんで、ほんとに何とも申し訳もありません。何だか手紙を書くことが一番オックウの様な気がするのです。（略）私どもは今は南の端の長崎に来て居ます。（略）何処へ行っても、たゞ淋しくって淋しくってなりません。また子供にかへり度いやうですね。（略）何處へ行っても、またたとへ家に帰ってもやっぱり淋しいものです。時節柄皆様御身体御大切になさるやう、御祈りして居ります」

〔写真 1〕「王女メロ」（大正 7 年頃）。主役の王女メロを演じるモリノ。

変体仮名、流暢な行書草書で書かれており、育ちのよさ教養の高さを伺い知ることができるが、読む者に伝わってくるのはセンチメンタルな感情ばかりではないだろうか。この手紙の差出人こそ、この章の主人公・澤モリノ〔写真1〕なのである。

昭和三年五月二十一日、モリノ嬢が巡業先の長崎から、心の拠り所としていた妹夫妻に宛てたもので、プライベート色の強い部分は略したが、長崎名物・カステラを送る際に同封された手紙であることが書かれてあり、カステラを妹の子供たちに食べさせて欲しい、子供の頃に行った京都の思い出話、巡業先に親戚が訪ねてくれて嬉しかったこと等、家族に対する温かさが伝わる内容であるが、どこか翳がある部分を隠すことは出来ない。

何故こんなに感傷的な内容の手紙を送らなければならなかったのか……?

これから、謎に満ちた澤モリノの人生を紐解いていきたい。

澤モリノの人生を語るのに、まず実父のことから話を進めよう。

澤モリノの父・深澤登代吉は文久二年十月二十二日群馬県前橋市で生まれた。現在、登代吉氏について辿れる最古の情報が、東京音楽学校の前身・音楽取《とり》調《しらべ》掛《がかり》に入学し二期生として在籍していたことである。明治が明けて、文明開化の華やかなりし頃、日本の西洋音楽史の揺籃期にすでに音楽に関係していたところを見ると、かなり進歩的であり家庭的に恵まれていたことは想像に難くはない。そして、明治二十年の学校卒業と共にパトロンを得て、本格的に音楽を学ぶためにアメリカに留学。平成の現在では、音楽を学ぶのに海外留学することが当然のようになっているが、明治二十年代に音楽留学するということは、まさしく選ばれし人間のみが浴する特権であり、登代吉氏は日本人の海外音楽留学者の嚆矢と言えるだろう。そんな登代吉氏には恋人がおり離れ離れの生活を余儀なくされるはずであったが、居ても立ってもいられず登代吉を慕って海を渡ってしまったのが、モリノの生母・タケであった。百数十年前にそのような世界を股にかけたロマンチックな話があったことに驚きを隠せないが、話はそう上手く進むものではなくパトロンが急死したため、やむなく留学を中断し帰国の途についたのが明治二十二年頃。澤モリノがアメリカ・ニューヨーク（サンフランシスコ説もあり）生まれと名鑑などに記載されている原因はここにあるのだが、今のように素っぱ抜きや暴露記事で経歴詐称などと騒がれない時代、澤モリノというエキゾチックなイメージを作り上げるために、アメリカ出身とした可能性が高く、また父母に別れて単身で十六歳までアメリカに滞在していたという当時の記録があるが、幼少時に富山で撮影された写真が残されているので、「一人でアメリカ滞在説」は完全な間違いであることを特に記録したいと思う。明治二十三年三月十九日（明治二十二年十一月生まれという説もあり）に登代吉・タケ夫妻の長女として誕生。父、登代吉の故郷、群馬県前橋市の生まれではないか？という御遺族の証言がある。千代と名付けられ、幼少時から音楽の英才教育を受けながら、父の音楽教師としての赴任先であった富山や滋賀で裕福な幼少時代を送る。明治二十四年十月七日には妹の美代が誕生し、二十九年には登代吉が著した『応用音楽理論』（岡島書店）が出版される。音楽家としての登代吉の活動としては、戦前に教育を受けている方なら誰でも御存知の明治軍歌「日本陸軍」（〽天に代わりて不義を討つ）の作曲をしたことであった。長年にわたり出征風景で必ず歌われた軍歌の名作であり、当初は作者が不明であったところ昭和十二年、音楽評論家の堀内敬三によって登代吉の作ということが解明された。このように日本の西洋音楽をリードしていた一人であったが、千代が東京神田一ツ橋附属第二小学校に在学中だった明治三十四年六月六日、登代吉は若くしてこの世を去った。死因は肺病であり、東北地方の小さな侘び住まいで餓死したとされている。残された妻タケは画家の佐瀬某と再婚し、千代と妹の美代は別れ別れになって親戚に預けられることになった。千代は牛込に住んでいた叔父に引き取られ、御茶ノ水高等女学校に入学を果たし、恵まれた娘時代を送ることができたという。在学中には日本体操界の草分けである坪井玄道（一八五二～一九二二）や井口阿ぐり（一八七一～一九三一）に師事し、ダンスを学ぶようになり、後に舞踊家として活躍する基礎がすでに築かれていたのである。そんな明治四十一年の春に学校を卒業。そして数年の時を経て、明治四十四年三月。東京丸の内で日本が誇る洋式の大劇場・帝国劇場が開場するとほぼ同時に、日本初のオペラ俳優養成所であった帝国劇場歌劇部が開設されることとなり、それに先駆けて生徒を募ったのであった。条件としては、十六歳以上二十五歳未満であること、中等以上の教育を受け、音楽の素養のあるものということで、男女合わせて約百七十人の応募があり、その中から厳選された十三人が一期生としてオペラ教育を受けることとなった。この中には後に浅草オペラ、その後の芸術界で大きな足跡を残した者たちが多数含まれている。そんな頃、音楽家を父に持ち、自らも音楽の素養があることから、モリノはいずれ音楽教師になることを希望しており、どのような経緯からか歌劇部を知り、また入部に至ったかは不明であるが、一期生の募集・養成から数カ月遅れた頃、モリノは突如として帝国劇場歌劇部の生徒として現れ、ピアノ、ダンス、声楽が堪能な上、舞台映えのする群を抜いた容貌に教師陣は舌を巻き、他の生徒たちは一目を置かざるを得なかった。二期生として養成される予定であったが、その必要はないと判断した教師たちは、モリノを一期生に編入させて、早速、明治四十四年十二月に上演されたオペラ「カヴァレリア・ルスチカナ」にて初舞台を踏むに至った。芸名を付けるに当たっては、本名・深澤千代の「澤」と「千代」、そして離れ離れになっている妹の美代の「美」を繋げて、「澤美千代」と命名。その他大勢ながらも、華々しいオペラ女優としての第一歩を踏み出すこととなった。舞台人として目まぐるしく状況が変わっていく最中、父の死後から親戚に預けられるうち行方不明になっていた実母の所在が判明。それからモリノは、高輪に住んでいた母の許から帝劇に通うことになった。そして明治四十五年には明治天皇が崩御し、大正の御代へ時代が移り変わると、それまで歌劇部の舞踊教師をしていた女流舞踊家・ミックス（ミークスという記載も見られる）が諸事情で帰国することになり、大正元年六月、その穴埋めと生徒の更なるステップアップを図るため、帝劇専務・西野恵之助が欧米漫遊中に、ロンドンのエンパイア座とアルハンバレエ座で舞踊教授をしていたジョバンニ・ヴィットリオ・ローシーを二年間の契約として招聘したのは別項に述べたとおりである。

日本語の出来ないローシーの稽古は厳格で、出来の悪い生徒は六尺の棒で殴られ、罵られ、多くの生徒が音を上げ反発するなか、モリノは着々と実力を付け、他を圧倒し、才能を開花させていくと、ローシーから思わぬ提案がもちあがった。それは澤美千代の華麗に舞う姿が、イタリアの舞踊家・モリノーに生き写しなことから（現時点でイタリアのモリノーなる舞踊家については不明である）、芸名を「モリノ」に改名しないか？ということであった。恐らく本人も仲間たちも驚き戸惑い、自ら名付けた愛着のある芸名を捨てるということに抵抗があったであろうことは想像に難くはないが、千代は決心し、大正四年にここで「澤モリノ」が誕生するのである。

「澤モリノ」の名前を与えられたモリノは、自らの努力と、帝国劇場という日本一の大劇場で舞台経験を積んだおかげで、「日本人バレリーナの第一人者」と言われるまでになり、小柄ながら一流舞台人特有の貫録を身につけ、それまで丸ぽちゃで女学生の雰囲気が抜けきらないお嬢さんから、垢抜け、舞台映えのする大人の美貌に変貌し、「モリノ」という珍しい名前がエキゾチック感をあおり、プログラムでも一際目につく存在となっていった。そんな矢先の大正五年五月、それ以前より不評と経費ばかり掛かる歌劇部は帝劇のお荷物となっており、ついに経営陣から歌劇部の解散が通達されたのであった。それまで日本一の花園で何の心配もなく、芸への精進だけに努めていればよかった生徒たち、そして高給を得ていた教師陣達は唖然となるが、そうこうもしていられず、それぞれの道を歩むこととなる。そこでモリノを寵愛していたローシーは一念発起、日本オペラ普及のために私財を投げ打ち赤坂にオペラ常設館・ローヤル館を開館することとなり、モリノら教え子たちに声をかけたが思わぬ事態が待ち構えていた。その度を越したワンマン振りが敬遠されて、想像以上に出演者が集まらなかったのである。モリノも不満を抱えていた一人であり、共に帝劇で学んだ岸田辰弥、小島洋々、杉寛、天野喜久代らと共に、大正五年十月高木徳子と伊庭孝が率いていた話題の高木徳子一座に参加することとなった。高木徳子の考えとしては、長年修行を重ねた確かな芸よりも、まず美貌で観客を引き付け、沸かすテクニックの持ち主、所謂アイドル性に富んだ座員を求めていたので、フレッシュな魅力と芸術性に富み、エキゾチズムを兼ね備えるモリノは高木徳子からも一目置かれてか、大正六年一月二十二日に浅草常盤座で上演された「女軍出征」に出演。この作品の爆発的ヒットによって浅草オペラの口火が切り落とされ、一躍、浅草オペラの全盛期と相成るわけである。その後、モリノは昔馴染みの石井漠から声が掛かり、石井が結成していた傑作座に移籍。以後、石井漠とは舞台上でのパートナーとなる。荒削りな感じの石井と少女のような繊細さが魅力のモリノとのコンビは評判を呼んだ。後に舞踊界で大きく派を成し、いまや歴史的人物である石井漠の歴代パートナー(石井小浪、石井みどり、石井栄子、崔承喜など)の元祖でもある。大正六年十月にはその延長として浅草日本館にて東京歌劇座が結成されることとなり、ライバル歌劇団がひしめき合う浅草では熱狂的にオペラが受け入れられ、その中でも一、二を争う人気者となったモリノは浅草オペラの顔となっていくのであった。特に同座に所属していた河合澄子はお色気を売りにし絶大なる人気を誇っていたライバルであるが、それぞれのファン同士が応援合戦に明け暮れ、その様子は浅草オペラの人気を語る上で、必ず語り継がれてきたエピソードである。ところが大正七年八月、再び石井漠や外山千里、宇津美清らと共に新しく劇団・オペラ座を結成。そして大正八年頃に帝劇オーケストラで第一ヴァイオリンを弾いていた小松三樹三と結婚し、浅草三間町に居を構えている。尚、小松三樹三は後にモリノが所属する歌劇団のバンドマスターとなり、作曲家・音楽評論家として名を残す小松耕輔の弟である。この頃の評判を確認してみると

〔写真 2〕 モリノ本人が気に入っていた 1 枚（大正 7 年頃）。

〔写真 4〕 モリノのエキゾチックな姿は多くのペラゴロを魅了した（大正 8 年頃）。

〔写真 3〕 全盛期のモリノ。舞台衣装であろうが洋装が板についている（大正 8 年頃）。

〔写真6〕 モリノの舞台姿（大正 10 年頃）。

〔写真5〕「天国と地獄」でキューピットを演じた際のモリノ。

〔写真7〕 弟子たちと共に。オペラ時代から澤野文子などの優秀な弟子を育成した（大正 7 年頃）。

「女史の名声は正に現歌劇界の第一人者（略）現在は女流のダンサーとして日本の歌劇界に女史一人を有するのみである」

（「オペラ」大正八年六月号）

また当時辛口なオペラ論者として知られていた画家の小生夢坊は

「軽妙なダンサーとしての彼女に比肩し得る者は今のところ日本では一人もいない」（『女盛衰記』大正八年）

と自著に記している。高木徳子が去った歌劇界の名声を一身に背負った感があり、唯一の存在とまで言わしめ、まさに澤モリノの全盛期と言えよう。この頃の当たり役、好評だった役には、「王女メロ」「天国と地獄」のキューピット役などが挙げられる。また全盛期といえる大正八年には日本活動写真株式会社（日活）で製作された映画『生ける屍』に特別出演するなど、まさに女王の名をほしいままにしていたモリノに突然の悲劇が襲い掛かる。

大正十年、夫・三樹三が興行先の仙台で突然この世を去ったのであった。

音楽夫婦として仲睦まじく暮らし、内弟子を置いて多くの若手を育成していた最中。モリノは絶望の淵に立たされ、またこの頃より浅草オペラの人気に翳りも見え始めたのであった。大正十年九月には新たに民衆歌舞劇団が旗揚げされ、モリノ、石井の他に河合澄子、杉寛、大津賀八郎ら豪華な顔ぶれが揃い好評を得て、地方興行の旅に出で立ち、各地で人気を博すも、この頃より踊りのパートナーだった石井漠がモダンダンスの研究に熱中するようになり、大正十一年八月には遂に石井漠とのコンビを解消。浅草金龍館を根城に大勢力を誇っていていた根岸歌劇団へ参加。ここには、田谷力三をはじめ帝劇時代から馴染みのある大物俳優たちが揃い踏みで、新たなるビッグネームが花を添える形となった。また石井は義妹で新たなるパートナー・石井小浪と、その年の十二月に舞踊研究のためヨーロッパへ渡ることとなる。根岸歌劇団では重要な役割を充てられているが、どのような訳なのか、大正十二年の夏以前には根岸歌劇団から名前が消えており、浅草でのオペラ人気下落に見切りをつけてか、大正十一年八月に開園されたばかりで京都岡崎にあったパラダイス遊園の専属歌劇団・パラダイス歌劇団（澤モリノ一座）の花形座長として忙しく一座をまとめ、主役として出演は勿論、振り付け、演出と走り回った。パラダイス歌劇団のプログラムを掲げてみると

1　オペレット「藪医者」一幕
2　ベートーベン作曲　モリノ振付　「ミニュエット」一幕
3　秀生氏編作　戯曲「牧師の家」一幕
4　トカペン編曲　松浦旅人案舞　舞踏「デッキ・ダンス」一幕
5　モリノ振付　舞踏「人気壹番男」
6　三恵子譯編　ＹＡ脚色　童話歌舞劇「王子の行方」貳幕参場

と、大変真面目な番組で、これが大正時代の庶民に親しまれていたのだから面白いことである。

俳優たちには、河辺喜美男、松浦旅人、原田勇、澤柳文代、澤野文子、中村米子などがおり、当時としてはちょっとした華やかな顔ぶれで、他にコーラスやオーケストラ団員を含めると、結構な大所帯である。また別項でも記したが、浦辺粂子（当時、静浦千鳥）や榎本健一も一時期、この一座に加わっていたというから驚きで

ある。ところが土地柄やはり客の入りが芳しくなかったようで、モリノは自らの弟子を引き連れて撤退し（モリノの抜けたパラダイス歌劇団は、残った中村米子や松浦旅人らによって公演が続けられている）、大阪楽天地で公演していた堀田金星、井上起久子ら樂劇座のグループと大正十二年八月に合流。そして運命の大正十二年九月一日、東京は大震災に見舞われ浅草は壊滅。

モリノは旅の身空で直接的な被災を免れたのが不幸中の幸いであったが、根岸歌劇団ら浅草に出演していた劇団はホームグラウンドの金龍館は勿論のこと、衣装や台本なども焼き尽くされ甚大な被害を被ることになった。奇跡的になんとか震災での難を逃れることはできたが、大勢を擁していた一座の中には東京出身者も多くいたことだろうし、情報網が発達していない時代「東京は海に沈んだ」「富士山が噴火した」などのデマに惑わされ、肉親や仲間の安否、そして浅草の街の様子を気にかけて、一座が混乱状態に陥ったであろうことは、火を見るより明らかである。東京に親類縁者が大勢いるモリノは一座を一時解散する決心をし東京へ帰る準備をした。そして震災後から数カ月間、モリノの大々的な芸能活動が一時停止しているのであるが、恐らく焼失したであろう浅草の自宅整理や挨拶回り、休養を兼ねての休暇だったのであろう。あの田谷力三でさえも、震災直後の根岸歌劇団関西興行には参加せず休暇を取っている。と言っていつまでも途方に暮れて休んでいても収入は途絶えたままになってしまうので、大正十三年一月には「本邦代表的歌舞劇団」を謳い文句に、澤モリノ歌舞劇団を結成。名古屋の中央劇場にて旗揚げ公演が行われたが、悲惨ムードが一転、復興ムードが高まるなか、浅草のスターたちの健在ぶりを示し、人気者・中根龍太郎をはじめとして、テノールの高須操三、東京少女歌劇にいた雄島鈴子、東山照子らの参加もあって盛況だったであろうと想像ができる。

その際のプログラムを確認してみると

A　グレゴリー夫人作　ミュージカルプレー「噂」
B　モリノ振付「人形ダンス」
C　ハウプトマン原作　歌劇「沈鐘」
D　ドルドウラ曲　バレエ「思ひ出」
E　モリノ按舞「子守」
F　伊庭孝作「女軍出征」

と、恐らく抜粋であったり小品ものなのであろうが、想像以上に立派なプログラムが組まれている。

一時、伊勢方面を巡業し、新たに人気女優の松山浪子、千種百代を加えて、三月三十一日から再び名古屋の帝国座にて公演。以前に出演した向かいの中央劇場には、相良愛子を中心として集まった、宇津見清、町田金嶺、杉寛、石田雍、田中壽々子らが所属していたミカゲ歌劇団が出演し、かつての金龍館と日本館さながらの豪華競演が実現した。この頃より寂しさを紛らわすためか、男の噂が立つようになり、石井漠の弟子だった根本弘とは深い仲となり五人ほどの子を成しているが、恐らく籍は入れておらず、産み落とした嬰児は知人に預けたり、興行の先々で里子に出したりして、仕事に没頭する。そして、この子らが後に名乗りを挙げるのだが、それはモリノの死後のことになる。七月十五日からは大阪松竹座の舞踊劇「雨乞」に出演し非常な好評を得、秋には古巣の浅草に帰還し、オペラ復興の礎となっていた浅草オペラ館の森歌劇団に参加。昔馴染みのスター澤マセロや北村猛夫らとダンスを披露するも芳しくなく、翌十四年二月には新たに合同歌劇団、また六月からは杉寛とともに小さな一座を起こし、聚楽座、浅草遊園第二館に出演。既に浅草オペラは下火となり客の不入りが続いて、小さな劇団が泡のように生まれ出ては、すぐに消えていくというような有り様であった。歯車が狂ったかのようにモリノは数カ月ごとに劇団を鞍替えして、その行動はかなり不安定である。返り咲く筈だった浅草の街はモリノに何ももたらすことなく、オペラ凋落という厳しい現実だけを突き付けて、時代は流れて行った。機転の利く俳優たちは著しく成長していた映画界へと転身したり、またレコード歌手として活躍したり、モリノと共に古く帝劇時代からの仲間である石井漠、高田雅夫・原せい子夫妻らは帰朝後、モダンダンスの開祖として、互いにしのぎを削って成長し合い、自らの芸術表現を実現していき、新しい道を開いていくのであった。その反面、モリノはそれまでの名声に縋り付いてしまい、結局は流されるままに中途半端な活動しか出来ず、そのうち凋落して忘れ去られてしまったスターの一人といえる。モリノはもう若くなかったのである。

浅草オペラの終焉と共に夢のような大正は終わりを告げ、不安と期待が入り混じった昭和という新しい時代を迎えることになるが、元号が変わると時期を同じくしてモリノの消息についての記録が極端に少なくなってしまう。

その頃は前述の恋人・根本弘と日本全国を巡業し、前掲の手紙により昭和三年には長崎方面、九州巡業を行っていたことが判明しているが、その前後の動向ははっきりとせず、根本はそのうちモリノを捨てて満州へ雲隠れしてしまった。昭和四年〜五年頃には古巣の浅草に舞い戻って、臼井順や石田雍らと帝京座、また松旭斎天勝一座、混成舞踏団などに参加していたことが、川端康成の問題作『浅草紅団』にある記述により知ることができ、五年十一月にはエノケン率いるプペ・ダンサントの旗揚げメンバーとして参加するなど、時代遅れのオペラ女優から先端を行くレビュー女優として返り咲きした感もあり、やはり浅草でのモリノのネームバリューは大きなものだったといえる。それでも離合集散が浅草演芸界の習わしであることはモリノが一番よく理解しており、昭和七年三月頃突然幼い男児を抱えて石井漠のもとを訪れて「この子と一緒に母子心中をしようと思う」と泣いて訴えた。先が見えぬ不安から、かなり切羽詰まった様子だったらしい。かつてのコンビであり、いまや時代をときめく名士になりつつあった石井漠は、自由ケ丘にあった石井漠ダンススタジオの教師としてモリノを招くことにした。やっと流浪の一座暮らしから抜け出し、安定した生活を送れるかと思っていた矢先のこと、雲隠れしていた根本弘がモリノの前に姿を現したのであった。根本は悪びれもなく「満州で旗揚げする」と言い放つと、モリノは嫌々ながらも、心のどこかでかつての華やかな時代が忘れられない部分があったのもまた事実で、昭和八年の桜の花散るころ、最後まで手元に置いていた愛児にも別れを告げて、性懲りもなく満州巡業を行うことを決心したのだった。ところが十人足らずのみすぼらしいレビュー一座に客が集まる筈はなく、案の定の不入り続きで経営は成り立たず、ほとんど身動きの出来ない状態のなか、やっとの思いで辿りついたのが朝鮮の平壌にあった金千代座という小さな劇場だった。見知らぬ土地で、心身共に疲れ果てていたモリノは自らの体に鞭打って、僅かな観客を目の前に十八番だった「瀕死の白鳥」を踊り抜いたが、その瞬間舞台に倒れ込み、座員たちが駆け付けた時には既に絶命していたのであった……。というのは当時のメディアが作り出したフィクションで、実際は金千代座からほど近い安宿の一室で、淋しくひっそりとあまりにも哀れなスターの末期を迎えたのであった。昭和八年五月十四日、心臓麻痺、享年四十四歳。

モリノがこの世を去ると一座は解散になったのは言うまでもないが、遺族にも故国の友人にも知らせず、根本は「遺骨はまた取りに来る」とだけ宿に言い残し、再びモリノの遺骨を置いて、金輪際姿を現すことはなかったのである。そこからしばらく宿で遺骨を預かっていたのだが、待てど暮らせど音沙汰さえなく、案じた宿主が近くの奉天寺へと納骨し、無縁仏として葬られることになった。

それから二年ほど経った昭和十年十月のこと。

朝鮮・満州巡業の旅に出ていた石井漠の耳に、モリノの死と遺骨が置き去りにされているというショッキングな事実が伝えられたのであった。あれから消息も知れず、姿も現すことがなかったモリノが、彼の地で客死していたという事実に、石井は自らの感情を抑えることができなかった。耳にした噂も具体的な話ではなかったから、忙しい公演の合間を縫って、まずは目星をつけてのお寺巡りから始まることとなった。そして一カ月ほどたった或る日、石井は偶然に奉天城内にある奉天寺の納骨堂を訪れ、いつものようにモリノの遺骨発見の手がかりはないだろうかと思案していると、とある物が目に入った。遺骨箱を包んでいる色褪せた紅いちりめんの花模様の布、その布こそモリノが使用していた鏡台の鏡掛けだったのである。数年の間、楽屋を共にしてきた石井だからこそわかる、モリノからのサインだったのかも知れない。そして昭和十年十一月十四日、「釋尼宣眞信女」とだけ書かれた白木の箱を抱いて日本に戻ってきたのであった。帰国すると、浅草オペラの女王とまでいわれたスターの哀れな末路は世間を賑わし、また一編の友情物語としてメディアが大々的に取り上げると、仲間や後援者が集まってモリノの足跡を顕彰するための「澤モリノを記念する会」が発足。また親族も新聞に取り上げられるまでモリノの死を知らずにいたため、更に話が大きく広がり、十一月二十五日にはムーランルージュ新宿座にて舞踊葬なる異例の葬儀が、石井漠や佐々木千里らの手によって華やかに営まれたのであった。また、河東安英デザインの「瀕死の白鳥」を踊る姿を刻み込んだモリノの記念碑が製作され、翌十一年六月十四日午前中には多磨霊園にて除幕式も営まれ、ここには生母や妹一家を始め、石井漠、佐々木千里、山本久三郎、石井栄子、小松耕輔らが駆け付け、モリノの足跡を偲び冥福が祈られたのであった。

8
浅草オペラ女優・浦辺粂子!?

一九八〇年代、おばあちゃんタレントとしてブレイクし、お茶の間を沸かせた浦辺粂子の活躍ぶりを多くの皆様が記憶にとどめておられることだろう。タレントの片岡鶴太郎によるモノマネ、時にはオリジナル曲「わたし歌手になりましたよ／タコの唄」（テイチクRE六五一）を発売してみたり、アイドル本とおぼしき『わたしゃ女優ですよ～ヘンテコリンなのはどっちだい』（四海書房・昭和六十年）を出版してみたり、そのバイタリティ溢れる活動は現在検証してみても、目覚ましいものがある。その一方で、女優としても偉大な足跡を残しており、数々の名作映画に出演し、日本映画を草分けから知る最長老としての伝承活動も忘れることなく、自伝やインタビュー記事などで当時の撮影所や俳優たちの様子を如実に伝える貴重な証言を多く残している。そんな浦辺粂子であるが、彼女が浅草オペラの出身だということは、自伝やインタビュー記事などで大々的に書き残しているので、多少映画史を知る者には、広く知ら

〔写真1〕 映画女優として地位を固めつつあった頃の浦辺粂子（大正15年）。

れた事実である。
しかし、浅草オペラに関して本人の言葉をまとめてみると、一番最初の自伝『映画女優の半生』（東京演芸通信社・大正十三年）の大半は浅草オペラ時代の回想で埋め尽くされており、浅草オペラにいた人物ならではの思い出話なども記載されてはいるが、年表作成に役立つような細かな記録が一切ないことはもとより、年代的に辻褄の合わない部分がかなり目につく。最後の自伝『映画道中無我夢中』（河出書房出版・昭和六十年）では、浅草オペラの提灯を持ったジャーナリストの青柳有美に「七色の虹娘」という評判記が執筆されたということのみが注目すべき点であるが曖昧で、あくまでもコーラスガール、ワンサガール（その他大勢のひとりで、ワンサワンサと忙しく舞台を行き来することから付けられた名称）で、「静浦ちどり」「遠山ちどり」「遠山みどり」という芸名だけは一人前に付けていたと、映画監督・溝口健二の生涯を追った記録映画『ある映画監督の生涯』（新藤兼人監督）でも、自らが語っているが、いずれも本人の証言しか残されていないので、信憑性が高いものではない。そこで私は浦辺粂子が辿った浅草オペラ史を、彼女の証言や記述を基にして、できるだけ年代を明らかにしながら追ってみることにした。

浦辺粂子（本名・木村くめ）は、明治三十五年十月四日、静岡県下田市の寺、長松山泰平寺の次女として誕生した。幼くして亡くなった姉がいたため、両親の愛情を一身に集めて育ち、また母方の親類筋に東京の明治座内で土産物屋・吉野家を経営していた者がいたことから、幼少時より休日となると東京まで出かけ、芝居見物に親しんでいたという。芝居好きに育った浦辺は子供ながらに芝居ごっこに明け暮れ、大正六年に私立沼津女学校へ入学すると、東京では浅草オペラが最も熱い時であったことから、教科書に女優のプロマイドをはさんでオペラに憧れ、また松井須磨子が出演する舞台「復活」に感銘を受けて女優を志すようになり、しまいには女学校の学芸会で「女優礼賛」という創作劇を上演したことによって校内で物議を醸す。女優への憧れは募るばかりであったが、厳格な父の許しを得ることは出来ず女学校を中退。居ても立ってもいられずに静岡巡業中だった奇術の松旭斎天外一座へ押しかけ入座を果たしたのが大正八年春のことであった。松旭斎天外（一八九〇〜？）は松旭斎天一の弟子で、当時世間を賑わしていた女流奇術師・松旭斎天勝の兄弟弟子に当たり、奇術は当然のこと流行真っただ中のオペラを率先して舞台に取り入れたりして、特に地方では相当な人気を集めていた。この一座に在籍している時、初めての芸名・遠山みどりを名乗るも、役が付くどころか雑用しか任されない日々と、旅から旅の侘び暮らしに嫌気がさし、更には巡業中に興行トラブルにも巻き込まれ、命からがら故郷へと戻ることになった。その当時は、悪徳興行師が普通に横行しており、名もない雑用であったが寺の娘ということからなのか浦辺の後を追ってきた興行師の手下連中がおり、その気配を察知した浦辺は再び故郷に別れを告げて東京行の汽車へ飛び乗ったのである。逃げるように上京したもののあてなどはなく、ただ女優になりたいという一心から日活映画の向島撮影所の門を叩いたのだが、当然のことながら守衛のおじさんに門前払い。まだまだ女形が幅を利かせていた時代、映画界の花形といえば衣笠貞之助、立花貞次郎、東猛夫などが絶対の人気を集めており、活動写真に女優などは必要ないとされていた時代であり、伝手さえない家出娘が受け入れてもらえる筈はなかったのである。途方に暮れながら浅草六区まで行くと、相変わらずの押すな押すなの大盛況ぶりで、活動写真に玉乗り、娘義太夫に落語に浪花節と芝居小屋が立ち並ぶ中、オペラ女優の名前を染め上げた幟が派手に立ち並ぶ金龍館に「女優見習募集」という貼り紙がしてあり、藁をもつかむ思いで入団試験に臨んだ。女学校で音楽を学んだ程度の技量しかなかったが、試験には無事合格し、目出度くの金龍館のコーラスガールとして入団を許され、初舞台は「クリスマス」（佐々紅華・作）だったと本人は記している。このあたりの年代が曖昧だったので調べを進めると、大正九年の金龍館では「クリスマス」の上演記録はなく、また大正十年以降になると時代的に辻褄が合わないので、浦辺粂子が金龍館で入団試験を受けたのは大正八年の秋頃と断定してよいだろう。また、その際に入団したのは「根岸歌劇団」との記載があるが、これは明らかな記憶違いで、金龍館でも、まだこの頃は「七聲歌劇団」の時代である。その後、浅草オペラきってのアイドルだった相良愛子の母で、同じくオペラ女優・宮城信子の紹介により下宿で世話になりながら、金龍館に出勤するようになった。新たに芸名を静浦千鳥と改名し心機一転、憧れの浅草の舞台に立ったのだが、なかなか芽が出ず、そしてあまりに男女関係の乱れが激しいことに幻滅している時、同じ一座の俳優に口説かれて不意に抱きつかれたのであった。助けを求めて声を挙げると、一座の大スター田谷力三が声を聞きつけて助けに入ったのだが、逆に「ここにいるとまた同じ目に遭うよ。君はダンスも唄も下手なのだから、田舎に帰りなさい」と諭され、根岸歌劇団を去ることを決意する。実家からは勘当された身だったので故郷へ帰ることも出来ず、カフェー勤めの傍ら、牛込の映画館のアトラクションに出演するなどして、なんとか生計を立てていた。それでも女優への夢は諦めきれず、浅草オペラの人気俳優で後にムーランルージュ新宿座を旗揚げすることとなる外山千里（佐々木千里）を頼って、浅草の観音劇場にて活動していた曾我廼家五九郎一座に入座することとなる。曾我廼家五九郎は浅草で絶大な人気を集めた古いタイプの喜劇役者であるが、一方では興行師としても成功を収め、何十人もの妾を囲いこんだ艶福家としても知られた存在であった。早速、楽屋へと挨拶にいくと幾人もの女優兼愛妾に囲まれた五九郎がおり、その様子を目の当たりにした静浦千鳥は身の危険を感じ、すぐに逃げ出したのだという。再び外山の許を訪れ経緯を話すと、今度は大阪千日前（楽天地）を中心に活動していた浪華少女歌劇を紹介されて、はるばる大阪の地へと旅立つこととなった。浪華少女歌劇については別項にて述べているので略すが、悪い虫がつかぬように監視は厳しく、また金龍館での経験があったことから給金もよかったということである。ここでは遠山ちどりと名乗って、後に映画監督・溝口健二の夫人となる嵯峨千枝子（根岸歌劇団の最後期にも名を連ねる）と知り合い、以後、親友として長い付き合いになることは自伝やインタビューなどで語り尽くされている。以上が大正九年頃から十年にかけての事である。ところが客の入りが悪く、しまいには経営不振に陥って一座は散り散りになり、改めて名古屋で新一座として旗揚げが行われているが、遠山みどりはそれには参加せず、しばらく大阪でのブランクがあるようである。そんな若かりし頃の浦辺粂子に転機が訪れたのは、大正十一年春頃のこと。その年の三月十日から東京の上野で開催されていた平和博覧会の演芸館や万国街でオペラを上演する運びとなり、それまで牛込館という小屋で公演していたアマチュアー・オペラバンド（西本朝春指導、原田耕造監督、井田興行部）が興行権を取得し、博覧会への出演にあたり国民歌劇座と名前を改め、新たに座員を募った際メンバーとして声が掛かったのであった。メンバーはほとんど寄せ集め状態で、当時の芸界で名のある俳優たちは参加していないが、やる気だけは十分で日本全国から大勢の見物客が集まる一大イベントでのオペラ上演に臨んだ。浦辺は国民歌劇座に参加するにあたり再び静浦千鳥を名乗って、まず初演は六月三日から七日にかけて「ベラ・エスパナ」（西本朝春・作）、「人道主義」（西本朝春・作）、「若いニナさん」（金子洋文・作）〔写真2〕が上演された。そこで静浦千鳥が演じたのは、作家・金子洋文のデビュー作であり、浅草オペラの人気演目だった「若いニナさん」の主役・ニナさんであったが、わずか数日間の上演であったが、そのずば抜け

〔写真2〕 国民歌劇座「若いニナさん」（大正11年6月上演）。経験者の原田耕造を相手に、主演のニナさんを演じた静浦千鳥（浦辺粂子）。浅草オペラ時代の舞台姿を映した極稀少な一枚である。

た演技力は一部の浅草オペラ論者の目にとまり、当時の人気オペラ雑誌「歌舞」ではグラビアを飾り、「名花一輪、静浦千鳥」と題された注目すべき評判記事が掲載された。

「名花一輪、天星の如く、将た又暁星の如く、光つゝ且つ笑める花は、愛でゆくも開いた。そは我が静浦千鳥である。静浦千鳥は、現下国民歌劇座のスターと呼ばれ、真面目なる努力家として、歌劇界に鳴り亙る、原田耕造氏の一座にある。彼女が、過日平博演藝館に出演の際、余輩は『若いニナさん』の短幕を覗いたのみである。然し彼女の天才的ひらめきは、余輩の胸裏を充分に射ることが出来た。彼女の聲は闇に光る眞珠の様に澄んでゐる。肉の引き締まった彼女の顔と、其の一つ一つの表情は、既に藝術の女神そのもの、如くである（略）我が静浦千鳥は、人目にもふれず深山の花として不運な、そして逆境な、天才の必然的に背負ふべき重荷を背負つてゐる。然しそれがために静浦千鳥の天才は磨かれて行くのである」

（「歌舞」大正十一年七月号）

というもので、この記事を書いたのは木村紅鳥という当時としてもあまり見かけない名前ではあるが、後の大女優としての活躍を気味が悪いほど見通している。浦辺本人も

「恐らく私の一生を通じて、この萬國街時代程、開放的でミラクルな歡樂の世界に出沒したことはございませんでせう。（略）私たちの一人一人は、萬國街の美女として、帝都に非常な人気を沸騰させてゐました」

（『映画女優の半生』大正十三年）

〔写真3〕 国民歌劇座「カフェーの夜」（大正11年6月上演）。この上演時に浦辺粂子が主役のおってくさんを演じたかは不明であるが、その可能性は高い。

と記しており、その後も平和博覧会では度々オペラが上演されて、「カフェーの夜」を演じた際の舞台写真が私の手元にあるが）〔写真3〕、果たして主役のおってくさんが静浦千鳥なのか判別が出来ないのが残念なところである（浦辺の自伝には「女軍出征」を上演したとの記載もある）。七月に平和博が閉幕すると、帝劇歌劇部の出身、ローシー門下で演技派として堅実な人気を集めていた杉寛から声がかかり、とある新派劇団との横須賀公演に参加するが、ここで再び転機が訪れるのである。オペラの出番が済んでからも、新派演劇を熱心に観察している静浦千鳥の姿が認められて、その新派一座の女役者の口利きにより念願の活動写真に出演することとなった。大正十一年の秋頃、高田馬場にあった小松商会という小さな活動写真会社に入社し、最初のうちは端役で出演する日々が続いていたが、専属俳優がほとんどいなかったことにより、入社した年内のうちに『死の洞窟』（波多野安正監督）に主演し、翌十二年には『植物園の娘』『戀の千代香』『乙女の心』と立て続けに主役を演じた記録が残り、月給は四十円だったとも言われている。そんなスター街道まっしぐらと思われた矢先、二大勢力である

〔写真4〕 当時流行の髪型・耳隠しで（大正15年頃）。

〔写真5〕 日活に入社した当時（大正13年頃）。

日活・松竹に押されて経営が危うくなり、浦辺が入社して三カ月程で解散の憂き目に遭う。まさに浮き沈みが激しいというのはこのことで、大正十二年の春頃、浅草の観音様をお参りした後に境内を散歩していると、盲目の占い師の老婆に「東京にいるとお前さん、この秋に死ぬか大怪我するような目に遭うから関西へお行き」と突然声をかけられたのをきっかけに、その日の晩に関西へと向かったのだというから、その行動の速さにも驚いてしまう。更には、翌日到着した大阪で早速、偶然にかつてのオペラ一座で顔見知りだった俳優と出会い、京都の岡崎で公演していたパラダイス歌劇団（澤モリノ一座）への入団が決定したというのだから幸運だとしか言いようがない。パラダイス歌劇団について別項で述べているので省略するが、新京極の中座に出演している際、合同公演を行っていた関西新派の筒井徳二郎一座の看板女優が病に倒れてしまい、代役もおらず筒井徳二郎が頭を抱えている時に、名乗りをあげたのが畑違い

〔写真6〕

のオペラ女優・静浦千鳥だった。勉強のために舞台の袖から観ているうちにセリフをすべて覚えており、急場を救った静浦千鳥は一躍、筒井徳二郎一座の主演女優として迎えられたのであった。京都を打ち上げると大正十二年七月に新築された名古屋歌舞伎座の柿落とし公演が待っており、そこで上演された「錦の御旗」の主演を見事に演じ切り大喝采を浴びる。歌舞伎座の記念すべき初公演だったことも幸運であり、多くの評論家や記者たちの目にふれることとなり、青柳有美には「若いながら見事な演技力で舞台を締めている。可憐な姿は関西新派に希望をもたらした」という評判を書かしめると、かつて小松商会で映画監督をし、解散後は日活に移籍していた波多野安正が噂を聞きつけ、日活に入社させるべく名古屋にいる静浦千鳥のもとへ飛んでいったのが、同年八月のこと。目玉の松っちゃんの愛称で子供たちのヒーローであった尾上松之助主演の『馬子唄』に出演し、めでたく映画界スターへの第一歩を踏み出すことになるのであった。

　この浮き沈みの激しい静浦千鳥の経歴は、浅草のコーラスガールの典型的なものであり、浅草オペラ凋落の時期にタイミングよく活動写真界に転身することが出来たが、このような幸運な例は稀で、そもそも女性の職種が限りなく制限されている時代、そのほとんどが身を持ち崩し、巡業先で一座がご難を喰らってしまい旅費を捻出するためカフェーの女給になったり、売り飛ばされて芸者にされてしまったり、また当時の噂ではコーラスの傍らアルバイトとして夜の巷で男の袖を引くようなことを行っていたとも言われている。

9　考証・浅草オペラの歌手

浅草オペラの舞台の様子を語る上で、今となってははっきりとしない問題の一つが実際の舞台の様子や俳優たちの歌唱力である。浅草オペラの舞台を撮影した映像フィルムは無論のこと、舞台の実況録音も存在せず、発売されたレコードも数少なく、更に現存しているものとなると極稀少になり、専門家であっても簡単に耳にすることはできない。せいぜい、昭和十二年に制作された松竹映画『浅草の灯』で、松島摩利枝というオペラ女優を演ずる杉村春子が、舞台ところ狭しと歌う「カルメン」の「ジプシーの唄」を聞くか、昭和二十二年の東宝オムニバス映画『四つの恋の物語』の一編で、榎本健一・柳田貞一・中村是好の三人が浅草オペラの舞台「ボッカチオ」を再現しており、御馴染みのトリオで「ベアトリ姉ちゃん」、柳田貞一がオペラ時代の十八番である「桶

〔写真1〕 当時発売されたイラスト入り絵葉書（山田まがね・画）。

屋の唄」を歌っているのを聞いて、当時の舞台に思いを馳せるのが私の悦楽のひと時であり、浅草オペラの舞台を偲ぶ上で数少ない映像資料となっている。

まず浅草オペラで活躍した歌手たちの流れを細かく分けるとすると次のようになる。

Ⅰ類　清水金太郎、原信子、安藤文子、黒田達人、宇津美清
Ⅱ類　天野喜久代、井上起久子、清水静子、町田金嶺、大津賀八郎
Ⅲ類　田谷力三、柳田貞一、藤村梧朗
Ⅳ類　相良愛子、高井ルビー、二村定一ほか大勢

ここに挙げたのはあくまでも歌い手なので、石井漠や澤モリノのように踊り手でもあった人物たちは含んでいないのだが、大体このようになると考えていただきたい。

Ⅰ類は当時日本で受けられる最高の音楽教育を受けた音楽学校出身者であり、特に清水金太郎、原信子、安藤文子に関しては別項で述べているように帝劇歌劇部の指導者として教鞭を取っており、浅草に出演してからは人気の有無にかかわらず、一流劇団としての面目を保つための権威的存在だったといえるメンバーである。浅草時代の清水金太郎についてはウイスキーの匂いが抜けることがなく、声帯がアルコール焼けしてしまったと言われているが、音楽学校在籍当時の歌声を聴くと「日本一のバリトン」と名声を謳われただけの実力を兼ね備えていたことがわかる。

Ⅱ類は帝劇歌劇部の出身者および帝劇の歌唱指導者ローシーやサルコリーの教えを受けた人物たちで、Ⅰ類

より年齢は若いが同格の実力を持って多数の一流歌劇団には欠かすことのできない存在として、常にオペラ界をリードしていた顔ぶれである。

Ⅲ類は大まかに分類するのであればⅡ類と一緒でも問題はないのだが、浅草オペラ以前、ローシーの門下生になる以前から民間の音楽教育機関で西洋音楽を学んでいた人物たちで、田谷力三、柳田貞一は三越少年音楽隊の出身であり、声楽はもとより楽器の演奏にも堪能で、オペラ界に新人として身を投じてからもⅠ類、Ⅱ類と互角に舞台に立つことのできる音楽知識と実力を兼ね備えていた人物である。藤村梧朗に関しては霊南坂教会の聖歌隊出身という異例な経歴の持ち主であり、いち早くオペラの舞台に馴染むことが出来ただろうと推測ができる。

そしてⅣ類は、Ⅰ～Ⅲ類の人物たちに憧れてオペラ歌手となった人物たちで、浅草以前のオペラ活動には無関係で浅草の舞台に立ちながらアイドル的な人気を集めたり、あるいはコーラスとしての下積み経験を積んだというメンバーである。Ⅳ類のメンバーになると、一応、師とする人物は存在するもののマンツーマンでの手厚い指導を受けたというものではなく、端役で舞台に立ちながら諸先輩の芸を盗んで独自に観客に受ける歌を修得していったと言ってもいいだろう。

大体このように分類ができるのだが、問題は浅草オペラの歌手たちの実力は如何に？　というところである。まずこの中で、浅草オペラを代表する三人の歌手を挙げるとすれば清水金太郎、田谷力三、大津賀八郎ということになると思うのだが、清水金太郎は別格として、浅草オペラ界で最も有り難い存在とされていた田谷力三、大津賀八郎の二人のテノールをレコードで聴くと、気持ちばかりが先走っており、音程やテンポが実に不安定で歌詞も不明瞭。それは当時のレコード録音技術の未熟さ、また慣れていないレコード録音へ取り組む姿勢などを考慮したとしても、上手い、下手の段階ではなく、そもそも音楽として成り立っていないという印象を受けてしまう。大津賀八郎に関しては師であるアドルフォ・サルコリー譲りのイタリア語を駆使し、残されたレコードの殆どがイタリア語とされている言語で録音されているのだが、改めて聞き取りによる検証を行った結果、出だしの一部はイタリア語らしき言語を使用しているものの、歌の全体を通して聞いてみるとイタリア語ではなく、またフランス語、ドイツ語、日本語のいずれにも該当しないというものであった。自分の歌に酔って言語が乱れたにせよ、酒好きだった大津賀らしく酔っぱらってレコーディングに臨んで言語が乱れたにせよ、言い方は悪くなるが、ごまかしによる歌唱が少なくとも一枚のレコードには残されているのである。他にもI類の黒田達人は、渡欧したのちに黒田謙と改名し昭和に入ってからカプリ歌劇団などを設立し本格的なオペラの普及のために奔走するのであるが、浅草オペラ時代にはバリトンと思い込んでいたところ渡欧中にテノールだったことを指摘され、帰国後に改めてテノール歌手を名乗るという、今となっては信じられないようなエピソードも残されている。ここまで来ると本人だけの問題ではなく、指導者の不在、あるいは指導者的人物の基本的な音楽知識の不足としか言いようがない。また、女性歌手の実力者である原信子をはじめ、安藤文子、天野喜久代、井上起久子、清水静子らに関しても、高音を響かせ器用に歌いこなす印象はあるものの、現在のレベルからすれば相当に怪しいものといえる。

しかし、私はここで浅草オペラの歌手を卑下するのではない。現在まで、観客に媚びてストリップ的要素が最大の魅力のように片付けられてきた浅草オペラ史に改めて記しておきたいのである。前述のように、現在において検証を行うとなると、その実力に関しては首を傾げる部分が大きいのだが、オペラに取り組む意欲に関しては、指導者もおらず、お手本もない中で数々の名作オペラを（一部抜粋にせよ）初演で上演したことからもおわかりいただけるだろう。その中心的歌手が特にⅠ～Ⅲに分類した人物たちと言えるのだが、浅草オペラの平均的な動きとして一日二～三回公演の終了後に次回公演の稽古というハードスケジュールだったために、声楽のレッスン以前にセリフ覚えやダンスの稽古が優先になってしまっていたことは理解していただきたい点で、それは興行の取り決めであり、本人たちでは解決できないものであった。稽古時間の不足は始終浅草オペラに付きまとった最大の問題で、

「あゝ、妾たちにも、あれだけのおけいこの時間があったら…そして、あんなにながく一つのものをやってゐられたらと、かう思うのでございます。寶塚は巧いと、皆さんはおっしゃる。その筈でございます。あれだけゆとりがあれば、従って、上達も早い譯でございます」（「歌舞」大正十一年四月号）

と、澤モリノもオペラ雑誌に寄稿している程である。

また厳しい指導で知られていた舞踊家の高田雅夫は、

「我々は汗みどろになって歌劇の途を切り開いて行かなければなりません。私などは死ぬ迄只今の仕事をつづけて行く覚悟です。さういふ覚悟の人たちが集まらなければ歌劇は決して日本に育ちません。さういふ人達の中に、不真面目な、一時の気紛れでやってゐるような人がゐたら、真面目な人達は迷惑します。皆が生涯を是の道で貫徹する氣で、死に身になってやれば、幕内のごたごたも少なくなるだろうし舞臺にも活氣が附いて來ます。さうして見物も眞に納得するだらうと思ひます」（「オペラ」大正十年十一月号）

と、熱い思いをオペラ雑誌にぶつけている。このような俳優たちの真面目な姿勢があってこそ浅草オペラは存在していたのであり、それを唯一の生き証人であった田谷力三が生涯をかけて語り継ぎ、歌い継いでいったのである。女優のタイツ姿を見ることだけが目的で浅草オペラの人気が爆発したのであったら、浅草オペラが百年後の現在まで語り継がれることはなかっただろう。また、民衆の街・浅草に身を投じていたことから、オペラ俳優たちは身の上の知れない人物たちだと思われがちで、しかもそれが否めない部分も多分にあるのだが、少なくとも浅草オペラ以前からオペラの舞台に立っていた人物に関しては名家だったり資産家の出身者たちであり、いわば高等教育を受けた高学歴者である。依って、それまで大道芸から発展したような庶民芸を売りにしていた芸人ばかりが集まっていた浅草六区の街に、初めて出演したインテリ集団とも言えるのではないだろうか。

浅草オペラを語る上で古くから度々記されているのが、それまで数十年かかっても成し得なかった西洋音楽の普及を、オペラを浅草に持ち込んだことによって数年で浸透させてしまったということであり、蕎麦屋の丁稚が自転車に乗りながら「カルメン」や「リゴレット」の一節を口ずさんでいたという伝説的エピソードも浅草オペラを象徴するかのように語り継がれている。

なぜ浅草オペラは、そこまで庶民に浸透したのであろうか？

それにはまず、帝劇オペラ時代初期に純粋なオペラを上演していたところ、「これでは日本にオペラは根付かない」と判断して、オペレッタ（喜歌劇）の上演に方向性を転換させたローシーの功績が大きかったと捉えることができる。それも別項で記した通り、すぐには根付くことはなく一時はオペラ上演に終止符が打たれるタイミングが数回あった訳だが、結果的にオペレッタが浅草の観客に受けたことによって浅草オペラの隆盛を迎えるきっかけとなるのである。そこでオペラが庶民に浸透した最大の理由は、その創作オペラの歌詞や古典オペレッタの訳詞に使用された言葉にあったと考えられる。よく例えとして使われるのが、小林愛雄が訳詞した「ベアトリ姉ちゃん」の歌詞の一部を、清水金太郎が「トチチリチン、トチチリチン、ツン」と口三味線に改変したということであるが、当時の庶民の日本人に根付いていた言葉を使用し、庶民の生活の様子を取り入れたことが、浅草オペラが受け入れられた大きな要因の一つだったといえる。

浅草で上演された創作オペラ

特に創作オペラに関しては、ほとんどがオペレッタであり、現在レコードで残されたものだけを聞いてみても当時の庶民の生活を知ることができる面白いものが沢山存在する。今まで浅草オペラの名作オペラに関しては紹介され尽くされているが、浅草オペラの創作オペレッタについて紹介されたものは少ないので、ここに浅草オペラの代表的な創作オペレッタ十二作品を挙げてみたいと思う。

♪「カフェーの夜」（佐々紅華・作）

日比谷公園のカフェーを舞台にしたとされる作品で、ハイカラ紳士や新しい女、田舎者や芸者が登場しカフェーを中心に繰り広げる人間模様。オペラ作者としての佐々紅華の名をオペラファンに知らしめた作品である。挿入歌として帝劇女優劇のために書き下ろされていたコミックソング「洋式小唄コロッケ」（益田太郎冠者・作）を取り入れたことによって、より庶民に親しみ深いものとなった。

〔写真2〕　木村時子が根岸歌劇団時代に演じたおってくさん（大正10年頃）。

特に劇中劇である「おってくさん」（益田太郎冠者・作）は、ハイカラ紳士・木座野と新しい女・おってくさんの馴れ初めをコミックに歌ったものであるが、まとまりがよく既成の外国曲を使用していることから大いに受けて、後には独立した形となり浅草オペラで最も親しまれたキャラクターとなっている。「女軍出征」の主役・フランス女士官と同様に、浅草オペラの代表的な女優の多くがおってくさんを演じ人気を博している。

♪「家庭の平和」（名村春操・作）

西洋音楽の先駆者・納所辨次郎（一八六五〜一九三六）を父に持ち、オペラ作者として相当に力量があったのにもかかわらず、女優とのスキャンダルや失踪事件などのために活躍の場を狭めてしまったといえる名村春操が、大正八年に自らが主宰する金龍歌劇団で上演するために書き下ろした作品である。三越呉服店に出かけようとしている妻と、お供をすることに気が進まない夫、そこに都合よく将棋仲間が訪ねてきたことによって夫は留守番を試みるが、妻は怒りだしてしまう。そこを女中がとりなして、めでたしめでたしという他愛もない筋であるが、才能ある名村春操によって耳に残るセリフやメロディーが随所に使用されており、当時としては好評を得たのであった。その後、日本蓄音器商会でレコード化もされており、レコードの売り上げも好調だっ

〔写真3〕 原信子歌劇団「唖旅行」（大正7年頃上演時）。舞台上演中に撮影された貴重な一枚。帝劇上演時の写真と比べると（フォトコラム「帝劇歌劇部」参照）、いかにも浅草的雰囲気が漂う。

たようである。

♪「嘘の世の中」（益田太郎冠者・作）♪「唖旅行」（益田太郎冠者・作）

この二作品はいずれも帝劇やその他の劇団で上演するために益田太郎冠者によって制作されたものであるが、浅草でも度々上演されており、きちんと上演許可を取っていたのかは別として相当に人気を集めた作品である。「嘘の世の中」の学生役は杉寛の当たり役でもあり、相良愛子によって挿入歌がレコード化もされている。「唖旅行」は元々、川上音二郎一座で上演するために書き下ろされた作品であるが、帝劇上演に当たって喜歌劇に作り替えられたことで、より広い客層に親しまれることとなった。浅草では原信子歌劇団によって初演されている。

♪「勧進帳」（佐々紅華、近藤十九二ほか・作）

歌舞伎をオペラ化してしまうというのも大衆に徹した浅草オペラの柔軟な発想の賜物と言えるが、その先鞭をつけたのはやはり佐々紅華であった。大正十二年一月、根岸歌劇団で上演されると観客の評判は勿論のこと、内部からの評判もよく、東京少女歌劇では鈴木康義による作で上演。また柳田貞一、堀田金星、井上起久子が看板であった樂劇座でも「勧進帳」を上演し、佐々による抗議を受けているが、また別の作者によるものだったのでトラブルを避けることが出来たというエピソードも残っている。

♪「アーティスト・ライフ」（佐々紅華・作）

大正八年五月、金龍館に立て籠もっていた七聲歌劇団によって初演されたもので、画家夫妻からあの手この手を使ってなんとか洋服の月賦代を回収しようとする洋服屋の物語である。実演で好評だったのか、上演から間もなくレコード化もされている。その後も、奈良の生駒山を本拠地とした生駒歌劇団の第一回公演演目としても上演されており、佐々紅華の自信作だったことが伺える。

♪「芸術家」（佐々紅華・作）

大正時代のヒットソング「コロッケの唄」から材を取ったオペレッタで、大正六年十一月に東京歌劇座によって初演された。続々と再演されたような記録は残っていないが、実演以前に東京蓄音器株式会社よりレコード化されており、絵描きの夫を当時、新劇の無名会に所属していた岸田辰弥、その妻を帝劇女優の音羽かね子が演じている。岸田は舞踊の専門家であるもののコメディを器用にこなす技量を持ち合わせていたところが興味深い点である。

〔写真4〕 共益商社書店より発売された「沈鐘（ラウテンデラインの歌）」の楽譜（大正8年）表紙絵のモデルは高木徳子だろうか

♪「沈鐘」（伊庭孝・編作、竹内平吉・作曲）

ハウプトマンの名作を伊庭孝が改編し、竹内平吉によって曲が付けられた創作ものであるが、新劇の松井須磨子によって上演されていたことから当時としては知名度が高かった演目である。森の娘・ラウテンデライン、鐘造りのハインリッヒ、泉の精・ニッケルマンなどが登場する抒情的な美しい作品で、高木徳子の歌舞劇協会によって初演された。徳子の死後に主題歌の楽譜〔写真4〕が三編にわたって発売されているが、「此の楽曲を永井徳子（高木徳子の本名）の霊前に捧ぐ」という伊庭孝のメッセージが目立たぬ箇所に印刷されているのが感慨深い。

♪「ベラ・エスパナ」（西本朝春・作）

大正七年、旭少女歌劇団にて初演されたもので、ジプシーの群れで育てられた女の子・ノーマは実のところ国王の次女・イザベラ姫だったという筋。ジプシーの頭を演じた藤村梧朗は挿入歌「ジプシーの唄」（〽俺は天下のジプシーよ）を歌ったことにより一時代を築き、奇しき運命のノーマ役は一條久子の独壇場であった。そ

〔写真5〕 根岸歌劇団「ベラ・エスパナ」（大正10年頃上演時）。ロマノフを演じた藤村梧朗とノーマを演じた木村時子。多くの劇団で再演された。

の後、浅草オペラの人気作として七聲歌劇舎から台本が発売され、根岸歌劇団を始め大小かかわらず多くの劇団によって再演され続けた作品である〔写真5〕。

♪「妻君来い」（夢廼舎主人・作）

いつ頃初演されたものか確実な資料は未確認であるが、大正七年頃から八年頃にかけて旭歌劇団や松旭斎天華一座などで上演されたもので、舞台監督役と女優三人が繰り広げる軽いオペレッタである。「〽妻君来い、妻君来い」と賑やかに歌う挿入歌が印象的な作品で、天華一座によってレコード化もされている。

♪「若いニナさん」（金子洋文・作）

内容についての詳細が現在のところ未確認であるが、後に劇作家として名を成し参議院議員となる金子洋文がペラゴロ時代に旭歌劇団へ持ち込み、大正七年に採用された脚本がこの「若いニナさん」であった。内山惣十郎によれば、初演時は岩間百合子によって主役のニナさんが演じられたが、木村時子、河合澄子、明石須磨子らの人気女優によっても続々と演じられたという。因みに大正十一年の国民歌劇座では静浦千鳥（浦辺粂子）によって演じられているが、詳細は別項を参照されたい。

♪「新婚旅行」（伊庭孝・作、竹内平吉・作曲）

列車内を舞台に新婚旅行に出かける夫婦を取り巻くオペレッタ。大正七年に新星歌舞劇団によって初演され、根岸歌劇団でも度々上演された人気作品で、同時期に共益商社書店より楽譜も発売されている。コーラス時代にこの舞台を見た榎本健一は、後に一座を率いるようになってからも、この「新婚旅行」の面白さを忘れられず再演しようと試みたが、台本や脚本を入手することが出来ずに歯がゆい思いをしたと言われている。

以上、多少偏った選出になってしまったかもしれないが、これらの作品は当時かなり話題を呼んだ創作オペラの数々である。このように並べると、内容は勿論のこと題名でさえも遥か昔に忘れ去られてしまったきりで、専門書にも挙げられることがなくなってしまったものばかりである。いかに浅草オペラの存在が遠いものになってしまったかが一目瞭然である。それは浅草オペラが上演されている時代から資料が散逸しがちで、何度も書くようであるが関東大震災や戦災も重なって一層現存数は少なくなり、関係者が後年まで保管していたという例も稀だからである。とにかく粗筋や詳細について知ることのできない作品が大多数なので、浅草オペラの全容が解明されないのである。

10　浅草オペラスター名鑑

約百年前には浅草を風靡したスター達であるが、時の流れは残酷であり音楽史にでさえも名前が残っているスターは極々稀となってしまった。かと言って、田谷力三以外のスターが現代に通じる芸能史や大衆文化史に足跡を残していない訳ではなく、ただ資料不足により長年その経歴が解き明かされることがなかったのである。

ここでは私の独断と偏見で浅草オペラのスター三十六人の略歴と肖像写真を挙げてみることにするが、澤モリノをはじめ文中で多少の経歴を記載した俳優はここに記すことを避けた。またここに挙げたスターは全員が浅草オペラの隆盛にとって欠くことのできない一流劇団の代表的俳優たちであるが、後の音楽界、洋舞界、レコード界、映画界、演劇界、そして浅草の街にも多大な影響を与えた方たちであることも忘れてはならないことである。本当であれば、心ゆくまで浅草オペラ関係者の経歴を書き連ねたいところなのであるが、泣く泣く三十六人に絞ったことも特に記したいことである。

清水金太郎（一八八九〜一九三二）

オペラを日本の高級娯楽にと構想されていた時代の申し子ともいうべき存在で、明治四十三年に東京音楽学校声楽科を卒業後するも、学校から選抜されて引き続き研究科に在籍。同時に神田にあった女子音楽学校、日

右：帝劇「連隊の娘」（大正３年２月上演）で原信子と共演した清水金太郎。
左：明治天皇の後を追って自害した乃木希典大将を哀悼して制作された唱歌「乃木将軍」のレコードレーベル。清水金太郎の美声が余すことなく録音されている。

本音楽協会、東洋音楽学校、そして帝劇歌劇部の教師として教壇にも立ち、「日本一のバリトン」と謳われ日本の西洋音楽史の草創期を駆け抜けた華やかな経歴の持ち主。それ故、浅草へ出演する際には、楽壇からの風当たりがどんなに強かったであろうか想像に難くない。大正五年に帝劇歌劇部の解散後はローシー歌劇団を経て、大正七年には東京歌劇座で浅草に初出演。以後、七聲歌劇団、根岸歌劇団など浅草オペラ界の大黒柱として夫人の清水静子と共に舞台をリードしていたが、次第に観客に迎合するようになり、一部のペラゴロや識者から舞台上での不真面目な態度に対して厳しい声が多数挙がるようになった。オペラの凋落後は、神戸で音楽教室の開設や満州興行、またはレコードの録音やラジオにも出演し、昭和五年十一月には浅草玉木座に於いてプペ・ダンサントの中心メンバーとして活動している。（東京八等）〈◆注〉

田谷力三（一八九九〜一九八九）

浅草オペラの象徴ともいうべき存在で、八十九歳でこ

右：昭和に入り放送歌劇などでオペラ普及に力を入れていたころ（昭和３年頃）。
左：東京蓄音器株式会社で発売された「アルカンタラの医師」のレコードレーベル。田谷力三の全盛期のレコードは録音数も少なく、かつ稀少である。

の世を去るまで現役にこだわり続け、舞台、レコード、またはテレビに出演するなど、その精力的な活動を記憶する方も多いことだろう。十歳で三越少年音楽隊に入隊したのを音楽生活の始まりとして、大正六年四月にローシーの門下生となってオペラ俳優としてデビュー。以後、浅草オペラをリードし続け、昭和に入ってからはボーカルフォアを結成し放送歌劇への出演、またビクター専属の流行歌手としてシャンソンの名曲「巴里の屋根の下」を創唱するなど活躍の場を広げていったが、松竹フォーリーズ、ヤパンモカル、日佛聯合国際レビュー、笑の王國などの劇団の中心人物として常に浅草の街から離れることなく絶大な人気を維持し続けた。モダンな存在として戦時中には大変な弾圧を受けたと思いきや、師ローシーから受けたイタリア歌劇（日本とは同盟国であった）を歌っていたことが幸いして芸能活動に大きな制限はなかったという。また長年連れ添った夫人の没後は、八十二歳にして弟子で「笑の王國」の女優であった水上智佐子と再婚し世間に話題を振りまいている。長年の舞台で培ったステージマナーの良さには定評があり、晩年の素顔は学校の校長先生のようだったと言われる。昭和三十二年に伊庭孝歌劇特別賞、三十九年・四十一年に芸術祭文部大臣奨励賞、四十五年に紫綬褒章、五十一年に勲四等旭日小綬章、他にもレコード大賞特別賞、都民文化栄誉賞、などの輝かしい足跡を残している。（東京八等）

石井漠（一八八六〜一九六二）

日本モダンダンスの開祖としていまや歴史的人物になりつつあり、浅草オペラでの活躍は勿論のこと、彼の最大の功績は多くの弟子を育成し、世に送り出したことであろう。当初、帝国劇場管弦楽団員として帝劇に関係したが、歌劇部の創設と共に石井林郎の名で入部。しかしローシーの行き過ぎた指導に反発して帝劇を去ると山田耕筰と共に新舞踊の研究に邁進し、一時は宝塚歌劇の振付師として活動していた時期もあったが、大正六年十月に東京歌劇座を旗揚げしたことによって一番最初の仕事上でのパートナーであった澤モリノと共にスターの仲間入りを果たした。その後、一座は分裂し、石井一派はオペラ座と改名し活動を行っていたが大正十年九月には民衆歌舞劇団を旗揚げ。そして大正十一年には義妹の石井小浪と共に渡欧し、昭和三年には自由が丘に石井漠舞踊研究所を開設。代表的な弟子に石井小浪、石井みどり、崔承喜などがおり、夫を支え続けた八重子夫人も大正期にはオペラ女優であった。著作も多数残しており

欧米へ留学中に撮影された石井漠（大正12年頃）。

『舞踊の本質と其創作法』（人文会・一九二七年）を皮切りに、『世界舞踊芸術史』（玉川学園出版部・一九四三年）、『吃音はなほる』（モナス・一九三四年）、『私の舞踊生活』（大日本雄弁会講談社・一九五一年）、『おどるばか』（産業経済新聞社・一九五五年）などがある。また浅草の奥山には記念碑も建立されており、東京目黒区の「自由ケ丘」の名付け親の一人であることも、広く知られている。（東京八等）

岸田辰弥（一八九二〜一九四四）

岸田辰弥。宝塚少女歌劇団に招聘された頃（大正８年頃）。

「浅草オペラ」の代表的な俳優として挙げられるが、厳密に言えば浅草の舞台に立ったことはないのではないだろうか？　当時の浅草蔑視は根強いもので、浅草の舞台に立たないことを信条にしていたオペラ俳優が少なからず存在していた。岸田辰弥は明治の先覚者である岸田吟香を父に、「麗子像」で知られる洋画家・岸田劉生を兄に持つという人物である。帝劇歌劇部二期生の出身で元来はダンス専門であるが、声楽は勿論のこと、歌舞伎役者に混じって新劇の舞台に立ったこともある。大正七年六月にはローシーのいなくなったローヤル館に立て籠もりセントラル・オペラを組織していたが間もなく解散となったため、新星歌舞劇団（高木徳子一座）に移籍し主演俳優として徳子の相手役を務め、大正八年六月には宝塚少女歌劇団の小林一三から招聘されて、宝塚のバレエ教師として就任。昭和二年に演出した日本初のレビュー「モン・巴里」が空前の大ヒットを記録したことから、日本レビューの父として日本の演劇史にも大きな足跡を残す。昭和十三年以降は有楽町にあった日本劇場（日劇）に移籍している。（東京八等）

高田雅夫（一八九五～一九二九）

夭逝したために高田雅夫の肖像写真は思いの外少ない（大正7年頃）。

帝劇歌劇部二期生として学んでいる頃は高田春夫と名乗っており、大正五年にはローシー歌劇団に参加し、大正七年に原せい子と結婚後は新星歌舞劇団、根岸歌劇団を経て大正十一年には舞踊研究のために欧米へと旅立った。帰国後には高田舞踊研究所を設立し、松竹楽劇部の舞踊教師としても活動していたが、昭和四年五月二十四日に三十三歳という若さでこの世を去った。常に石井漠と対照的な存在とされ、初期の傑作には「ジプシーライフ」などが挙げられている。（東京八等）

柳田貞一（一八九五～一九四七）

三越少年音楽隊に在籍中から親しかった田谷力三の紹介でローシー歌劇団に参加。歌に自信がないのにもかかわらず歌えるという触れ込みで入ったために、いざ歌う場面に直面した時に大変なことになってしまったという面白いエピソードが残っている。藤村梧朗、堀田金星らと共にコメディアンとして人気を集め、大正七年にローシー歌劇団が解散後は、原信子歌劇団に参加し浅草に初出演。旭歌劇座、新星歌舞劇団を経て、大正九年夏には根岸歌劇団の旗揚げメンバーとして名を連ねている。その後、堀田金星や井上起久子と共に樂劇座を

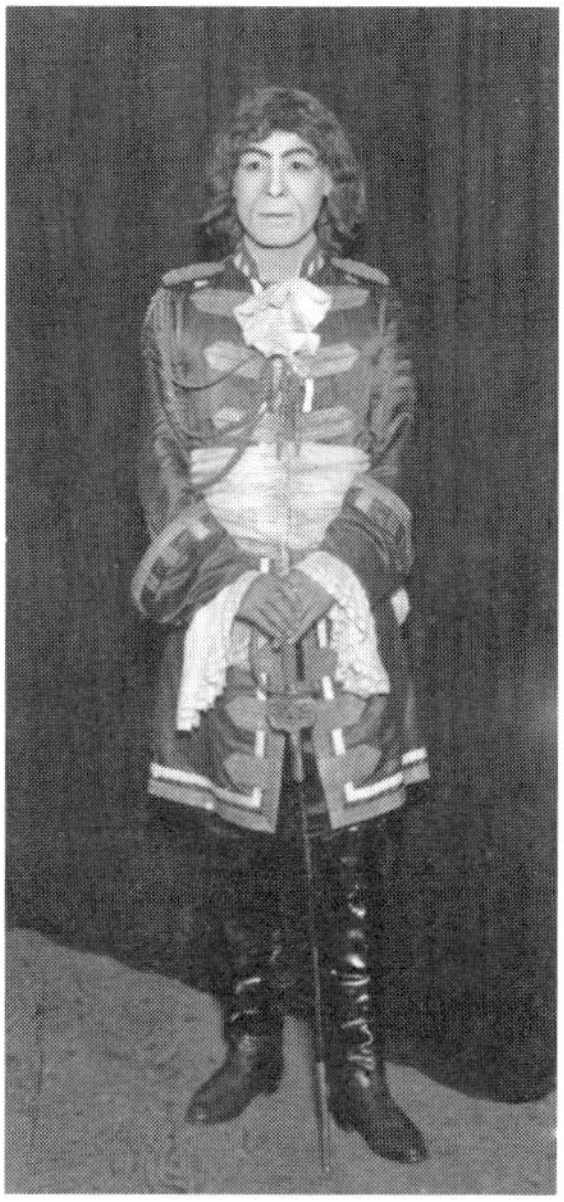
「ボヘミアン・ガール」（大正７年６月上演）でアンハイム伯爵を演じる柳田貞一。酒好きで多くの逸話を残している。

組織して大阪楽天地でかなりの評判を集めていたが、根岸歌劇団へ出戻った頃の弟子に榎本健一（一九〇四〜一九七〇）がいたことはあまりにも有名である。震災後は森歌劇団、五彩会、歌劇協会と意欲的に活動を行い、昭和四年からは電気館レビュー、合同東京大レビュー団、プペ・ダンサント、日佛聯合国際レビューと主役級で頑張っていたが、昭和七年浅草の寵児となっていた弟子の榎本健一が率いるピエル・ブリアントに参加することにより、名バイプレーヤーとして一座を支えることとなる。榎本健一によれば酒が大好きな好人物であったが、終戦直後に没した。

堀田金星（一八九六〜一九六八）

原信子歌劇団に在籍していた当時の堀田金星（大正７年頃）。

大正五年にローシー歌劇団の新人募集に応募し採用されたのがオペラ生活の始まりで、十二月に上演された「クリスピーノと死神」にて初舞台を踏む。清水金太郎を筆頭に、柳田貞一、藤村梧朗と共に三枚目の役どころで人気を集めた。ローシー歌劇団の解散後は原信子歌劇団、新星歌舞劇団を経て根岸歌劇団にも参加する傍ら、根津山人の名でオペラの創作も行っている。浅草オペラ後期には常に佐々紅華や井上起久子らと行動を共にし生駒歌劇団、樂劇座などに所属、お伽歌劇のレコード録音にも多数参加している。大正十五年には松竹キネマの専属俳優となり、現代劇専門の蒲田撮影所では数少ない時代劇俳優として、立て続けに映画に出演。松竹キネマのマドンナ的存在であった女優の松井千枝子（一八九九〜一九二九）と結婚するが、病に倒れた松井を捨てて松竹キネマを退社。若くして松井は死亡し、世間からバッシングを受けている。その後は澤田正二郎の新国劇へ加入し秋月正夫と改名、以後、渋い老け役を専門に演じ、戦後には私家版で自叙伝『蛙の寝言』（一九五六年）を出版。浅草オペラについて貴重な記録を残している。

藤村梧朗（一八九八〜一九五五）

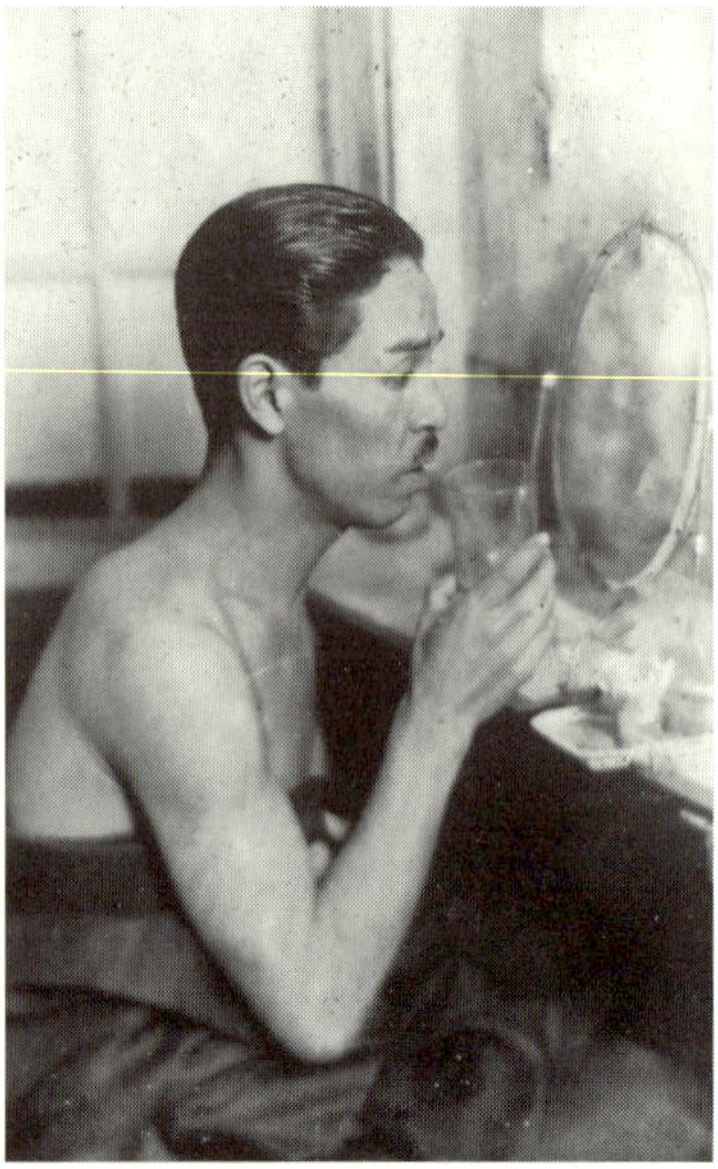
楽屋で舞台化粧を施す藤村梧朗（大正 10 年頃）。後年は台湾高砂族の民族舞踊の研究に没頭している。

情熱家で「一本気の藤村」と言われ学生に絶大な人気を集め、後に映画化された『浅草の灯』（濱本浩・著）に出てくる血気盛んなオペラ俳優・山上七郎のモデルになった人物である。旧制中学在学中から霊南坂教会の聖歌隊の一員として音楽活動を始め、大正六年にローシー歌劇団に入団。その後、旭少女歌劇団時代に出演した「ベラ・エスパナ」（西本朝春・作）でジプシーの頭ロマノフを演じたことによってスターの仲間入りを果たし、常

妻である明石須磨子との舞台写真。バイオリン、ピアノ、アコーディオンなどの楽器も器用にこなした（昭和 13 年）。

盤楽劇団、七聲歌劇団、ミナミ歌劇団を経て根岸歌劇団、森歌劇団などの一流歌劇団の幹部俳優として妻である明石須磨子と共に活躍。昭和に入ってからは台湾高砂族の民族舞踊研究の傍ら、カジノ・フォーリー歌劇団（エノケンのカジノ・フォーリーに非ず）、金龍レビュー団、東京レビュー集団、日活少女ジャズ・バンドなどの劇団の中心人物として日本各地から台湾・満州・支那・朝鮮を巡演し、戦時中は皇軍慰問団で北支を訪れている。戦後は米軍キャンプの慰問を積極的に行っていたが、昭和三十年一月「浅草の会」の会合の後に上野御徒町にて都電に轢かれて事故死した。その後、添田知道などの奔走によって事故現場にモニュメント「愛の碑」（新妻実・作）が設置され、現在でも御徒町公園にその姿を見ることが出来る。またオペラ俳優を志していた若き日の藤原義江（当時は戸山英二郎を名乗る新国劇の俳優）が浅草オペラ界に入る直接的なきっかけともなり、戦後の弟子には漫才師のコロムビア・トップ、初代コロムビア・ライトがいる。（東京八等）

町田金嶺（一八九九～一九八二）

スマートな二枚目・田谷力三に対して、おっとりとした二枚目で人気を集め、芸能活動の出発が大正五年末のローシー歌劇団の旗揚げと同時であった。その後、大正七年には旭少女歌劇団、新星歌舞劇団、東京歌劇座を経て、根岸歌劇団などで活躍。田谷力三の歌声に感動し、強い熱意から浅草オペラ界入りのチャンスを掴んだ若き日の藤原義江は、町田の明治学院の先輩で、学生時代には「ヤソの歌なんぞ唄いやがって」と町田に暴力を振るった経緯があったが、初めて入団した旭少女歌劇団には偶然にも町田がスター格で人気を集めており、驚いた藤原はオペラの先輩・町田に向かって「俺もヤソの歌を唄うことになったから、よろしくな」と手を握り合ったという逸話も残されている。昭和に入ってからはレコード吹き込みの傍ら、大阪カジノフォーリーや吉本興行の専属として昭和八年にはグラン・テッカール、また吉本ショウや柳家金語楼一座でも活躍。戦後はストリップで鳴らした池袋フランス座、また浅草ロック座の支配人として長年に渡って浅草の街を支えていた。（東京八等）

「天国と地獄」でオルフェウスを演じた町田金嶺（大正10年頃）。

日東蓄音器株式会社で発売された「椿姫」のレコードレーベル。師・サルコリー譲りの伊太利語で唄う大津賀の存在は浅草オペラ界の誇りでもあった。

「イル・トラバトーレ」（大正９年８月上演）でマリンコを演じる大津賀八郎。浅草オペラ界きっての酒豪であった。

大津賀八郎（一八九五〜一九三四？）

広島の資産家の子息で、帝劇歌劇部の指導者アドルフォ・サルコリーに師事し、大正のオペラ界では熱血漢テノール歌手として、男性ファンから人気を集めていた。大正六年にサルコリーの紹介でローシー歌劇団に参加することとなったが、音楽の基礎が出来ていたことから早速にコーラスリーダーという役を仰せつかったものの、酒に酔ったまま本番を迎えてしまいリーダーボックスの中で酔いつぶれ、その鼾がコーラスの邪魔をしたという逸話が残っている。その後、常盤楽劇団、七聲歌劇団を経て、大正十一年には根岸歌劇団に在籍しつつも、故郷・広島にて青鳥歌劇団を結成（後に新劇俳優として名を馳せ、昭和二十年に原爆の被害者となった丸山定夫のデビューはこの歌劇団であった）。元々発売された種類が少ない浅草オペラレコードの中では、最も録音数の多い歌手の一人で、現存しているオペラ盤のほととんどが原語での歌唱である。昭和に入ってからはコロムビア系列のレーベルにて流行歌手としても活動し、大津進名義で吹き込んだレコードも存在する。また「酒好きで荒っぽい性格だった」と言い伝えられているが、昭和九年に酩酊して街行く姿を目撃されたのを最後に失踪してしまい、以後の行方は不明となっている。夫人の逗子靖子（後に松島蓉子と改名）も歌劇女優であった。

澤マセロ（一九〇一～？）

紋付き袴で畏まった澤マセロ（大正10年1月）。

今でいう「オネエ」を売りにしていたダンサー。高木徳子門下として大正七年に有楽座で初舞台を踏んだ後、若くして才能を開花させ、創作ダンスの振り付けを意欲的に行い、新星歌舞劇団、根岸歌劇団、生駒歌劇団などの一流歌劇団に参加した経歴を持つ。普段から女言葉を駆使し、一部では反感を買ってはいたが、エキゾティックで甘い二枚目だったことから若い女性ペラゴロに絶大な人気を誇った。副業で浅草に「マセロ・ティールーム」を開業し、雰囲気とセンスの良さから震災で廃業するまで繁盛していたらしい。昭和に入ってからは澤カオルと改名し一座を率いてオペラ活動や創作ダンスの独演会などを積極的に行い、また昭和四年二月より公演が行われている電気館レビューでは木村時子との二枚看板で、昭和五年十一月にはプペ・ダンサントにも参加。レビューの華やかな舞台にも立ち続けているが、一九三〇年代以降の消息は不明である。昭和二十六年発行の「浅草の会」会報には故人として掲載されているので、戦中・戦後のどさくさで死を報じられることもなく、淋しくこの世を去ったのだろうか。「マセロ」という個性的でモダンな名前は、当時日本で人気を集めていた米国ブルーバード映画のスター、バイオレット・マセローの名を拝借したものと思われる。

昭和29年に帝劇で開催された「帝劇　浅草大会」の楽屋スナップ。左から小島洋々、杉寛、町田金嶺、田谷力三という豪華な顔ぶれ。

結婚前後の男女。

杉寛（一八八九〜一九七四）

帝劇歌劇部の三期生としてローシーや松本幸四郎に教えを受けるも間もなく解散となったため、大正六年には傑作座を経て高木徳子一座の初演「女軍出征」にも出演し、日本海軍の兵曹長役は当たり役となった。若い頃から老け役として才能を発揮し、東京歌劇座、新生歌劇座、民衆歌舞劇団、ミカゲ歌劇団、浅草遊園第一歌劇団などに所属し、昭和に入ってからはプペ・ダンサント、金龍レビュー団、東京レビュー集団、杉寛レビュー団などを率いていたこともあった。その後、昭和十年には古川ロッパ一座に参加したことによって東宝映画にも出演するよう

になり、特に黒澤明監督の名作『七人の侍』（一九五四年）では茶店の亭主を演じている。（東京八等）

戸山英二郎（藤原義江）（一八九八〜一九七六）

後に藤原歌劇団を創設することになる「我等のテナー」藤原義江の浅草オペラ時代の芸名で、大正六年三月に澤田正二郎が主宰する剣戟劇団・新国劇に参加することによって大阪新富座で初舞台を踏んでおり、戸山英二郎の芸名は澤田正二郎によって名付けられたものだという。無名俳優として剣戟の舞台に立っていたが、大正六年八月に地方巡業で大阪を訪れていたローシー歌劇団が上演した「古城の鐘」の舞台を観劇し、グレニシューを演じる田谷力三が唄う「舟唄」（波をけり）に感動。オペラ俳優を志すようになり、バリトンの藤村梧朗を介してローシーへの弟子入りを志願するものの、直接顔を合わせることなく断られる。その後、藤村の手引きによって創設されたばかりの旭少女歌劇団に参加することとなり、大正七年五月に上演された「勿忘草」でオペラ俳優デビューを果たしている。その後、大正八年五月には金龍歌劇団、夏には新星歌舞劇団、そして七聲歌劇団に参加しながらも、新劇の公衆劇団、新劇社などにも出演し着実にキャリアを重ねていたが、大正九年三月に渡欧しオペラ留学

ビクター赤盤歌手として「我等のテナー」と謳われた頃（昭和３年頃）。

東洋蓄音器合資会社で発売された「戀はやさしき野邊の花」のレコードレーベル。戸山英二郎の名で録音したレコードは極稀少である。

に旅立った。その後の活躍は多くの方が知るところであるが、大正十五年には米ビクター社の日本初の赤盤歌手としてレコード録音を行い、昭和九年には藤原歌劇団の前身である東京オペラ・カンパニーを設立、日比谷公会堂に於いて「ラ・ボエーム」を上演。日本での本格的オペラの普及に生涯を捧げている。今では近代音楽史の偉人として名を残しているが、その素顔は気さくで気取らず、音楽仲間からは「アニキ」の愛称で親しまれたと言われている。

北村猛夫（一九〇三～？）

浅草オペラの後期に頭角を現した若き二枚目で、大正七年に七聲歌劇団が募集した歌劇研究生の一人として初舞台を踏み、歌唱を清水金太郎、舞踊を高田雅夫に師事。その後は根岸歌劇団、森歌劇団と王道を歩み、その登場に田谷力三の人気も危ぶまれ、大正十三年に兵役で一時期舞台を退くことになった時、あの二村定一も別れを惜しんだと言われている。昭和に入ってからはレビュー俳優として電気館レビュー、白鳥レビュー団、金龍レビュー団、東京レビュー集団、プペ・ダンサントなどに所属する傍ら、パーロホンレコードから「吾妻小唄」（E一三六九）をリリースし、その後エノケンが率いるピエルブリアントに参加したことによって、一座の名二枚目として舞台・映画に出演することとなった。

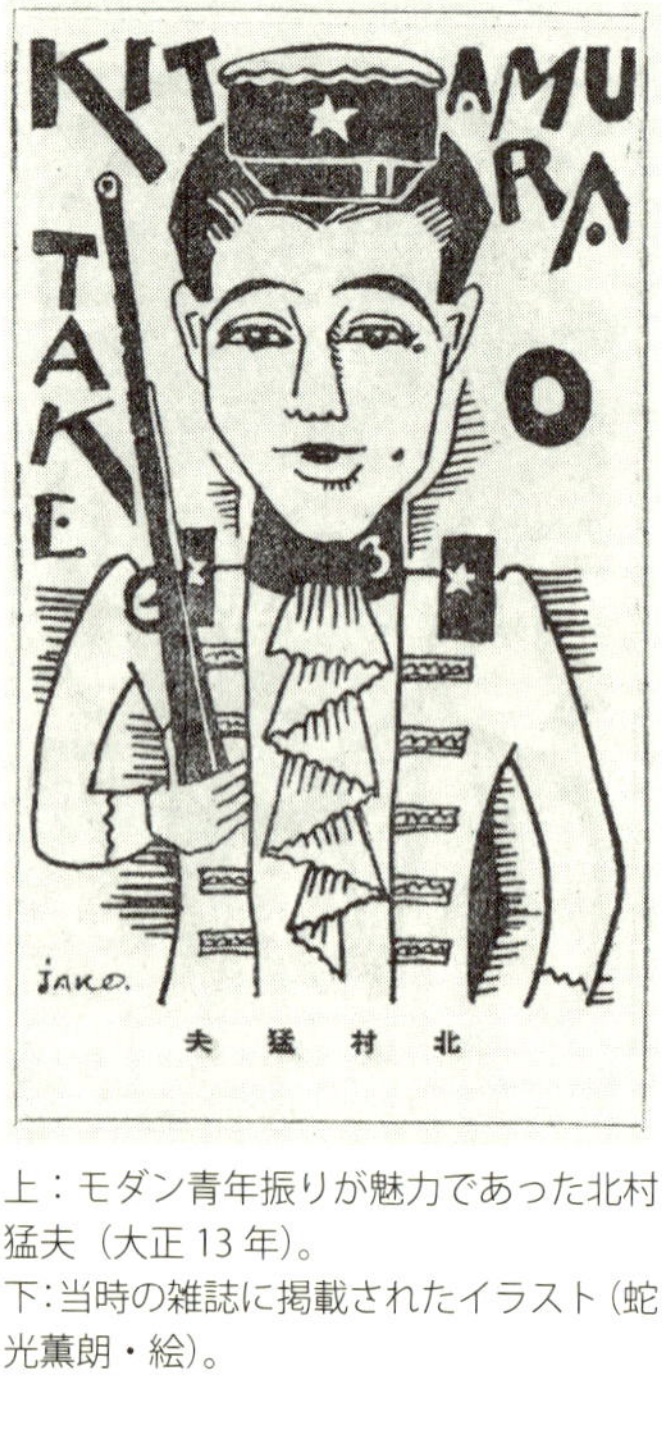

上：モダン青年振りが魅力であった北村猛夫（大正 13 年）。
下：当時の雑誌に掲載されたイラスト（蛇光薫朗・絵）。

二村定一（一九〇〇〜一九四八）

日本ジャズの草創期が再評価されている昨今、伝説的な存在として今も根強いファンを持つ二村定一（昭和 5 年頃）。

高田雅夫の門下として大正九年根岸歌劇団に参加し、十月に上演された創作歌劇「釋迦」（伊庭孝・作、竹内平吉・作曲）にて初舞台を踏む。コーラスの一員ながらテノール歌手として目立つ存在となり、大正十一年三月に金龍館で上演された本邦初のほぼ完全上演の「カルメン」ではモラレス役を演じ、同年五月に上演された「ファウスト」の評判記では「『ファウスト』のコーラスは『カルメン』以上のよい出来であった。佐藤銀治郎、二村定一、大石信夫あたりの未来ある人達の立派なリーダー振に、感心した」（「歌舞」大正十一年七月号）と評され、未来を嘱望されていていたことが伺える。震災後には若手オペラ歌手としてオペラ雑誌に人物評が挙がるようになり、大正十三年には森歌劇団、翌年には五彩会とオペラ活動を行っている。そして、まだ日本に紹介されたばかりといえるジャズ・ソングのレコード録音も行うようになり、「私の青空」「アラビヤの唄」などのヒットによって日本のジャズ歌手第一号と言われ伝説的な存在となっている。また舞台人としての活動は、大正十五年に赤坂フォーリーズ、昭和二年には歌劇民衆座、昭和四年には電気館レビューの旗揚げ公演にも参加し、その後は後輩である榎本健一とのコンビでその名を知らしめている。

二村定一君の印象

中村一涙

「オペラを演《や》る人々《ひとぐ》なんてね、二月《ぐわつ》の新演藝《しんえんげい》に私《わたし》の顔《かほ》も描《ゑが》かれましたよ……」

獨唱《ソロ》に出《で》る支度《したく》をしながら、可愛《かはい》い吊《つ》り眼《め》で鏡《かゞみ》を見詰《みつ》めて　ネクタイのカーブを直《なほ》して居《ゐ》る二村《ふたむら》さんは……

……と私《わたし》は特筆《とくひつ》するが、……可愛《かはい》い吊《つ》り目《め》の間《あひだ》から除々《ぢよく》に頭角《とうかく》を現《あら》はした一《ひと》つの隆起《りうき》が下《した》の方《はう》に二寸許《すんばか》り見事《みごと》な發達《はつたつ》を遂《と》げて、どつしりと腰《こし》を据《す》ゑたのが、二《ふた》村《むら》さんの有名《いうめい》な鼻《はな》である。

だから定《さだ》一さんの唄《うた》は鼻《はな》で柔《やはら》かく誰《たれ》でも、あの破綻《はたん》のない確《たし》かな音程《おんど》を以《も》つて唄《うた》はれる聲《こゑ》を聞《き》いたなら、夕闇《ゆふやみ》の薄明《うすあか》りの中《なか》にほのかに見《み》ゆるノウルウエイの帆船《はせん》を考《かんが》へるだらう。ところが二村《ふたむら》さんの談聲《はなしごゑ》はあの眼《め》の様《やう》に可愛《かはい》らしい。何時《いつ》會《あ》つても、素直《すなほ》な心持《こゝろもち》で、ありがちな、思《おも》ひ上《あが》つた風《ふう》は微塵《みじん》もない二村《ふたむら》さんが私《わたし》は大好《だいす》きだ。

雑誌「オペラ」（大正 13 年 7 月号）に掲載された二村定一のイラスト。

左：高木徳子（大正６年頃）。
右：「女の力」（大正７年１月上演）で女優ルブウルを演じる高木徳子。東京の台東区谷中にある圓妙寺に眠っている。

高木徳子（一八九一〜一九一九）

明治三十九年に神田の宝石商であった高木陳平と結婚を機に渡米し、寄席芸人や映画出演などを行いながら舞踊を修得し、大正三年に帰朝。翌年には華々しく帝国劇場で帰朝公演「夢幻的バレー」を上演し成功を納めたが、夫との折り合いが悪く巻き起こした離婚騒動が世間を騒がせて「問題の女優」として知られるようになった。大正五年春には世界的バラエティ一座と名乗って浅草のキネマ倶楽部に初出演し、翌年一月に浅草オペラにとって記念すべき「女軍出征」を上演。一躍、脚光を浴びるようになり、大正七年には歌舞劇協会を旗揚げしたのだが、夫との離婚問題を抱えながらも、仕事上で徳子を支えていた伊庭孝との関係や、徳子の護衛として同行していた興行師・嘉納健治との関係のもつれ、また松竹との借金問題が絡んで、精神的な持病を悪化させることとなった。そして大正八年三月三十日、興行先の福岡県大牟田市にて二十八歳の生涯に幕を閉じた。死因は心臓麻痺とされているが死の前日には「徳子発狂す」と新聞で報道され、また死の直後には元夫による聞き書き書『狂死せる高木徳子の一生』（高木陳平述・黒木耳村編・一九一九年・生文社）が出版されるなど、世間での注目度も高かった。浅草オペラの開祖とも言うべき彼女の日本での活動は、帰国当初の華やかさに引き換えて、泥沼離婚劇、興行トラブルなど、あまりにもスキャンダルにまみれ、悲運だったとしか言いようがない。（東京八等）

原信子（一八九三〜一九七九）

「サロメ」（大正7年5月上演）でサロメを演じる原信子。ダンスが不得意な上に舞台映えのしない細身であったが、高田雅夫の協力を得て「七つのベールの舞い」を踊り抜いた。

浅草オペラの女優に数えられることは本人にとっては不本意であろうが、帝劇・ローシー一派が浅草に進出するきっかけを作った重要人物。明治四十一年東京音楽学校器楽科に入学するも声楽科に編入し、柴田（三浦）環に師事すると忽ち頭角を現したが、丹いね子とのスキャンダル報道や、学校外で行われる演奏会が度重なり、学校との関係が悪くなり中退。大正元年十二月には帝劇歌劇部の教師として迎えられ、歌劇部の解散後はローシー歌劇団のプリマとして活躍したが感情トラブルがもとで袂を分かつこととなった。そして大正七年、喜劇俳優・曾我廼家五九郎の説得により観音劇場にて正統派が揃う原信子歌劇団が旗揚げされることとなった。浅草へオペラが進出するきっかけを作ったものの、本人の気持ちとしては受け入れることが出来ず、結局、大正八年には「今の歌劇に愛想が尽きた」という声明文を発表し渡欧。日本を代表するソプラノ歌手としての地位を築き、日本人初のミラノスカラ座専属歌手という栄誉に浴している。戦後は團伊玖磨のオペラ「夕鶴」（昭和二十六年）のつう役などで地位を不動のものにし、多くの弟子を育成した。（東京八等）

安藤文子（一八九五～?）

明治四十三年東京音楽学校声楽家に入学し、大正三年六月には在学しつつも帝劇歌劇部の声楽教師として招かれている。大正六年二月にはローシー歌劇団に参加し、原信子の抜けた後のプリマドンナとして活躍。東京歌劇座を経て、大正七年十月には七聲歌劇団、続いて新星歌舞劇団、根岸歌劇団に所属し、常に主役を演じ続けた幹部女優であった。また数々のレコード録音を残しており、彼女の歌う「戀はやさし野辺の花よ」のレコードは大手レコード会社各社で発売され大正時代のヒット盤となった。大正九年には頭角を現しつつあったオペラ俳優の戸山英二郎と結婚したが、この戸山こそ後の藤原歌劇団の創設者・藤原義江である。しかし戸山が渡欧したことにより結婚生活に終止符が打たれ、大正十三年頃に弁護士と再婚し、再び舞台に立つことはなかった。

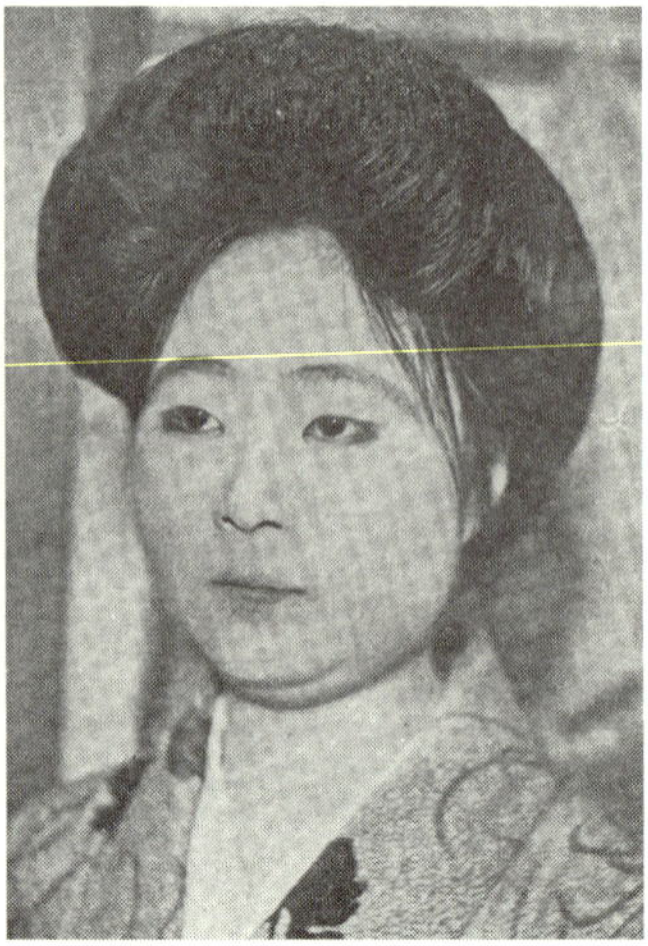

右：戸山英二郎と浮名を流していた頃の安藤文子（大正８年頃）
左：日東蓄音器株式会社より発売された「戀はやさし」のレコードレーベル。

清水静子（一八九三〜一九七三）

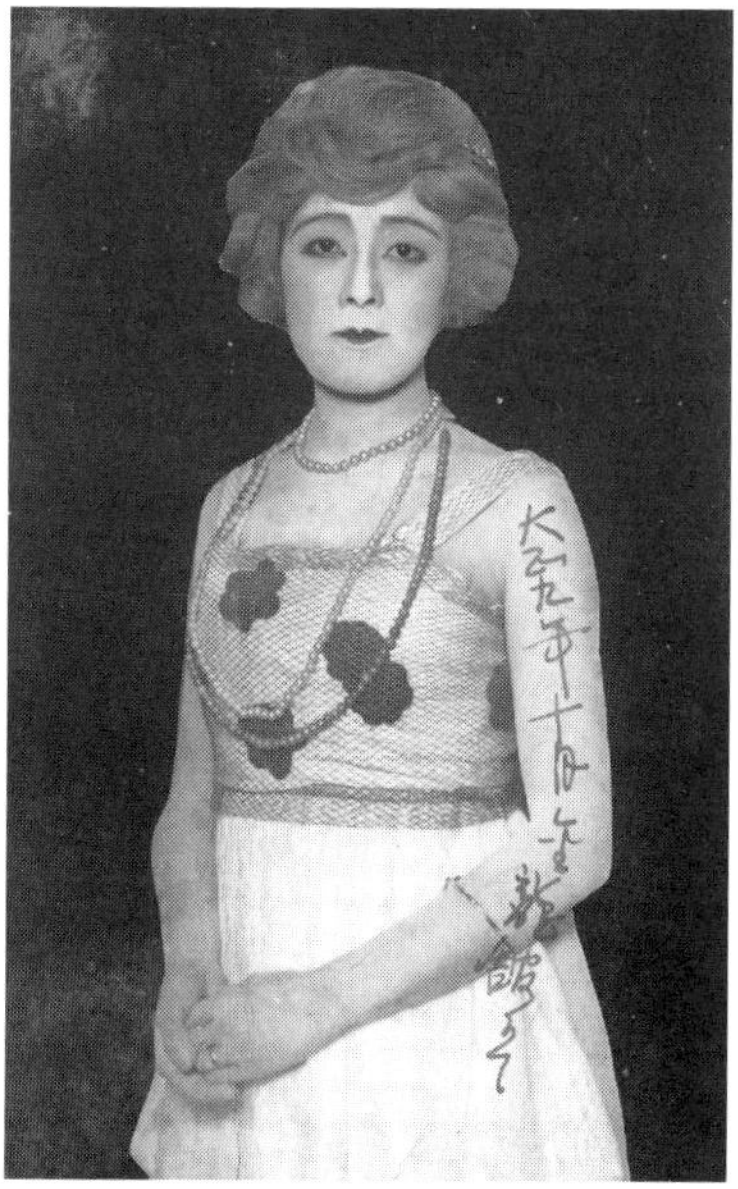

金龍館に出演中の清水静子。夫に寄り添い、常に主演級を演じ続けた大女優である（大正９年）。

帝劇歌劇部二期生の出身で当初は春日桂と名乗っていたが、歌劇部解散後のローシー新劇団時代に教師のひとりであった清水金太郎と結婚し、清水静子と改名する。浅草時代は夫と共に一流歌劇団の幹部として活躍し、根岸歌劇団上演の「ボッカチオ」のボッカチオ役、「ブン大将」の女公殿下役、「カルメン」でのカルメン役など、常に主演を演じていた。美貌で歌唱力や演技力も確かなソプラノとして人気を集めていたが、レコードの録音はことのほか少なく、常に夫と行動していたことが活躍の場を狭めていた感も受ける。昭和七年に夫が亡くなってからもオペラ出演、また三浦環歌劇団の指導者としても活動した。

天野喜久代（一八九七〜一九四五？）

帝劇歌劇部の二期生として学び、浅草オペラ、レビュー、レコード流行歌時代と、長く日本のショービジネス界に関わり続け、芸能の新しい時代を切り開いてきた足跡を持つ。ローシー歌劇団を経て、浅草オペラ時代は高木徳子一座、常盤楽劇団、東京歌劇座、七聲歌劇団、根岸歌劇団などの一流歌劇団に在籍し、実力派歌手として地位を固め、芝居も巧みだったことから重宝された。またレコード吹き込み歴もかなり古く、大正初期の帝劇時代まで遡る。オペラが崩壊した大正後期から昭和初期にかけては日本で初めてのジャズ・シンガーとして、レコードにラジオに舞台に引っ張りだことなり、その一方で東京松竹楽劇部の歌唱指導者や川畑文子来日時の世話役など後進の育成にも当たっている。一九三〇年代半ば以降になると消息は不確かとなり、狂死したとも東京大空襲下で没したとも言われているがはっきりしない。（東京八等）

「カフェーの夜」でおってくさんを演じる天野喜久代（大正7年頃）。明治後期から昭和初期にかけての長い期間を第一線で活躍したが、残された写真は意外にも少ない。

独特の舞台化粧が目を引く井上起久子（大正11年頃）。オペラ時代には「先生」というあだ名で親しまれていた。

井上起久子（一八九二〜？）

東京音楽院、女子音楽学校の声楽科に学んだ後、小学校の教員を経て帝劇歌劇部に参加したという経歴を持ち、帝劇時代は井上増布の名で在籍した。どんな役でも達者にこなしたことからローシー歌劇団や原信子歌劇団では重要なポストを与えられ活躍。その後、堀田金星や柳田貞一らとグループを組み大正十一年四月には樂劇座を旗揚げしており、関西方面を好んで巡業した様子を知ることができる。震災

日本蓄音器商会より発売された「ムーランルージュの唄」のレコードレーベル。独特の世界観を持つ井上起久子のジャズソングに魅了されるファンは多い。

後から昭和初期にかけては関西に移住し、震災後の好景気で沸き立つ関西レコード界に特異な存在としてエロ・グロ・ナンセンス歌謡を多く録音し、ダンスホールやカフェー文化華やかなる時代に色を添えた。また浅草オペラ時代より弟子の育成には定評があり、オペラ時代の門下生には高井ルビー、戦後デビューした弟子にはコロムビア専属だった流行歌手・黒木曜子（一九二一〜一九五九）がいるが不慮の事故で早世した。また大阪松竹楽劇部の歌唱指導を担当していたこともあった。（東京八等）

原せい子（一八九五〜一九七七）

金龍館で舞踊の稽古をする高田雅夫と原せい子夫妻（大正 11 年）夫が亡くなってから高田姓を名乗るようになった。

東京音楽学校を中退後に帝劇歌劇部の一期生として学び、大正五年からはローシー歌劇団、大正七年四月には高木徳子率いる歌舞劇協会に参加。舞踊に才能を開花させ、大正八年には新劇社を経て、新星歌舞劇団、根岸歌劇団などに参加し、夫の高田雅夫と共に意欲的な芸能活動を行っているが、大正十一年には舞踊研究のために欧米へ渡っている。大正十三年には帰朝し、高田舞踊研究所を開設後は、戦前、

「アイーダ」（大正十一年十月上演）でアムネリスを演じる木村時子。気取らない人柄が浅草の仲間たちに愛された。

金龍館に出演中の木村時子と北村猛夫（大正十二年頃）。

戦中、戦後を通して多くの舞踊家を育成し、昭和三十四年には全日本芸術舞踊協会（現・現代舞踊協会）の初代会長に就任している。尚、昭和四年に夫が没してから高田せい子と改名している。

木村時子（一八九六～一九六二）

浅草の女王とでも名付けたくなるような貫録を持つ木村時子は、生涯を通して浅草を愛し、浅草に関わり続けた一人である。帝劇歌劇部（洋劇部）最後の生徒であるが間もなく解散の憂き目に遭い、松井須磨子と島村抱月が主宰する芸術座に参加。大正五年十月に上演された「生ける屍」では松井須磨子のマーシャに対してサーシャを演じ、大正期の大ヒット曲である挿入歌「さすらいの唄」（ニッポノホン二五二二九）のレコードのB面「私が好きなは／今度生まれたら」では松井須磨子と共にレコード録音を行っているので、新劇の世界でも未来を嘱望されていたことが伺い知れる。ローシー歌劇団を経て大正七年浅草に進出後はオペラ界屈指の大スターとして君臨し、七聲歌劇団、常盤楽劇団、ミナミ歌劇団、根岸歌劇団など一流歌劇団の主演女優として絶大なる人気を集めた。昭和に入ってからは諸口十九一座、喜劇春秋座などの演劇、そして電気館レビュー、プペ・ダンサントなど時代の先端を行くレビュー女優として返り咲きし、あきれたぼういずの川田義雄（晴久）は木村時子一座で初舞台を踏んだ一人である。戦後も芸能活動を続ける一方、プライベートでは浅草を愛する文化人が集った浅草の会の事務局として奔走した。

右：浅草オペラの衰退後、レビュー女優として浅草の舞台に返り咲き、相変わらずの色気を振りまいて鼻下長連の心を鷲掴みにした（昭和５年）。

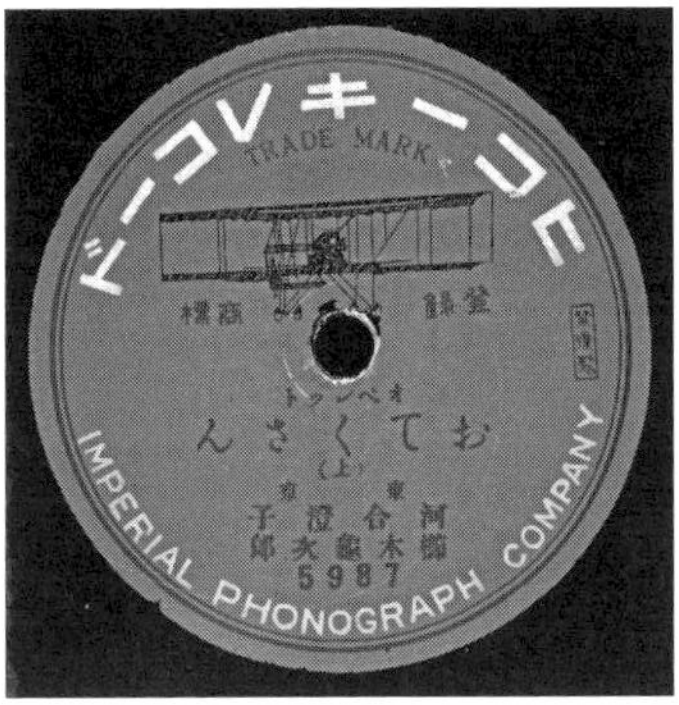

左：聚星歌劇団時代に帝国蓄音器株式会社で発売された「おてくさん」のレコードレーベル。河合澄子唯一のレコードと思われる。

河合澄子（一八九三〜？）

浅草オペラのお色気スター№1と言えば、河合澄子をおいて他にない。そもそもは有楽座で女優を募集した時の応募者の一人だったということで、その後、高木徳子が主宰していた帝国ダンシングスクールの生徒として学び、徳子一座に参加するも芽が出ることなく、ローシー歌劇団に参加。そして大正六年冬、それまで無名だったコーラスガールが東京歌劇座に参加したことによって、伝説的な人気を誇り、浅草の街にセンセーションを巻き起こすこととなった。しかし、お色気を売りにした彼女の挑発的な姿勢は、一部の仲間から反感を買うこととなり、横浜朝日座、樂劇座、聚星歌劇座など一時期浅草の舞台から遠ざかっていた様子がみられる。震災後も相変わらずの発展振りで、大正十三年に上演された南洋みやげ「フラフラ・ダンス」は風紀を乱すという理由から上演禁止となり、腋毛も露わなセクシーな舞台写真を掲載した、雑誌「オペラ」も発売禁止のとばっちりを喰らっている。昭和二年には松竹キネマに正式入社しているが、畑違いの年増スターを売り込む筈もなく、数作の映画に出演したのみで退社。一時期、邦楽座で旗揚げされた更生歌劇団に客演していたが、浅草の街に「エロの女王」として返り咲き、木村時子と共にエロ合戦を繰り広げている。その後は次第に第一線から遠ざかり、晩年の消息は不明である。（東京八等）

岡村文子（一八九八～一九七六）

昭和に入ってからは松竹キネマのモガ女優へと華麗に転身し、初期の小津安二郎作品にも出演している（昭和３年頃）。

岡村文子といえば日本映画史に残る娯楽大作『愛染かつら』（松竹・一九三八年）で、田中絹代扮する看護婦の高石かつ枝をいびる婦長役の太目のおばさんを思い出す方が多いと思うが、同姓同名の別人ではない。元は小笠原長幹伯爵の絵画や彫刻のモデルとなったことから芸術界に存在を知られるようになり、大正六年にはローシー歌劇団からデビューし「天国と地獄」で初舞台を踏む。原信子に教えを受けたソプラノ歌手として、容貌もよく、ダンスや歌もこなし芸達者だったことから、結構な人気を集めるスター女優であった。その後は原信子歌劇団、旭歌劇団などに所属していたが、後に根岸歌劇団のバンマスとなる篠原正雄とは婚姻関係にあったこともある。震災前後には地方廻りの劇団・未来座のスターとして台湾を巡業していたが、大正十三年には東亜キネマ甲陽撮影所に入社するも間もなく退社、翌年には松竹キネマに移籍してモガ女優、喜劇女優として肉体美で売り出した時代もあった。昭和二年には準幹部、昭和十四年には幹部に昇格し、映画女優としての地位を築いていった。昭和十三年には浅草オペラの様子を如実に伝える映画『浅草の灯』（島津保次郎監督）に出演し、主演の高峰三枝子を演じるスターの卵を影で操ろうとする女将役を演じているのが感慨深い。後年、映画関係者の集まりではオペラの一節を披露することもあったと言われている。（東京八等）

特にエロチシズムを売りにしていた印象は受けないが、岩間百合子にはセクシーな写真が数多く残されている（大正８年頃）。

岩間百合子（一八九七〜？）

ローヤル館の出身で大正七年には東京歌劇座に参加したことから浅草初出演。当時のオペラ界では屈指の美人として名を馳せ、「襟足の雪のやうに白い、婀娜窈窕な曲線の、鈴蘭か、名の通りの姫百合か。岩間百合子の眼こそ永遠の樂園をながめる閉ざさぬ窓である」とは小生夢坊の言葉である。夫でオペラ俳優の千賀海寿一と共に行動し、中央歌劇団、ミナミ歌劇団、ミカド歌劇団、旭歌劇団などの地方廻りを中心に行っているのが目に留まる。震災直後には松竹キネマに入社しキワモノ映画『十一時五十八分』に出演するが、映画女優にはならずオペラ界に戻りミカゲ歌劇団、五彩会などに参加。また新人として台頭し始めていた二村定一との掛け合いレコードも数枚存在し、芸達者だったことを知ることができる。昭和に入ってからは更生歌劇団の主軸として活動していたが、オペラの消滅と共にレビュー女優として相変わらず浅草で存在を示し、昭和十年代には古川ロッパが抜けた後の常盤座・笑の王國に参加して老け役を演ずるようになる。

明石須磨子（一九〇〇〜一九七七）

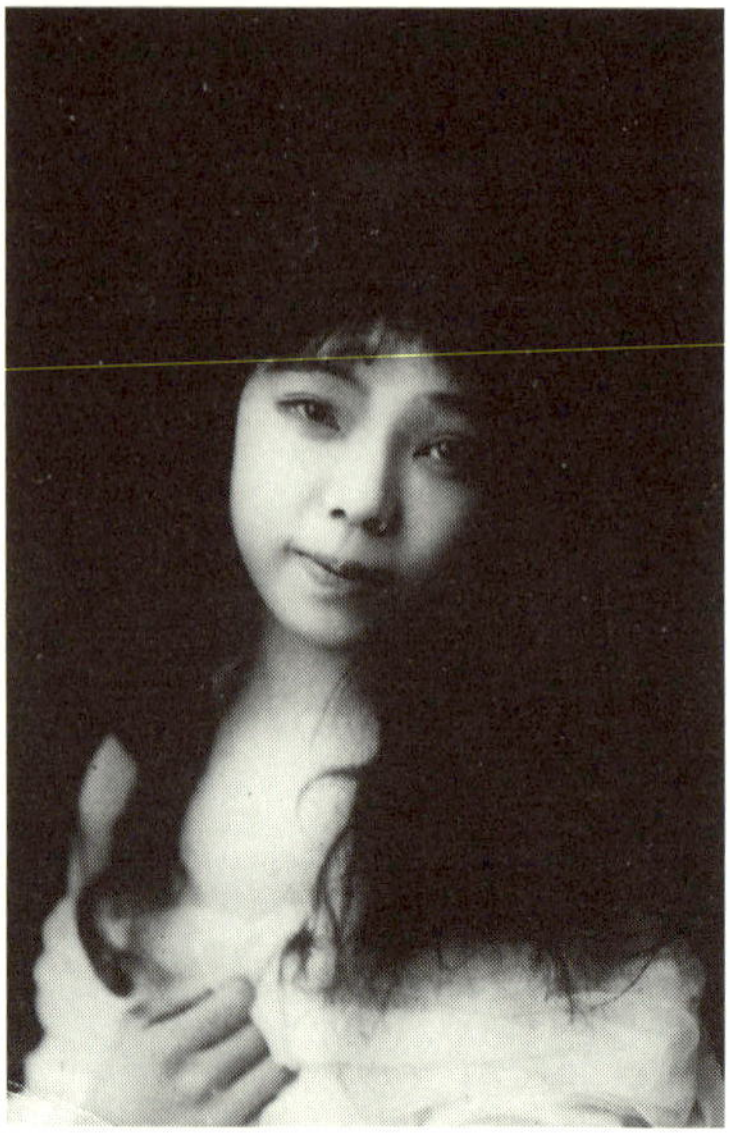

旭少女歌劇に在籍していた当時の明石須磨子（大正７年）。夫の藤村梧朗とはおしどり夫婦で知られた。

大正七年五月旭少女歌劇団に入団し浅草日本館にで初舞台を踏んだが、その美貌が忽ちペラゴロの注目を集めてスターの仲間入りを果たすことになった。しかし大正八年四月に上演されたお伽歌劇「狐の裁判」では演技の面においても評価されるようになり、人気が不動のものとなった頃、バリトンの藤村梧朗と結婚。病弱なのと出産で度々休演を余儀なくされているが、ミナミ歌劇団、根岸歌劇団、森歌劇団などに所属し、またニッポノホンレコード、パイオニヤレコード等でお伽歌劇のレコード録音も多数残されている。昭和に入ってからも夫が率いる一座を助け、舞台、ラジオ放送などに出演するも、病気を理由に昭和十七年の皇軍慰問を最後に芸能界を引退している。

（東京八等）

相良愛子（一九〇六〜？）

浅草オペラを代表するアイドルといえば相良愛子を挙げずにはいられない。高田雅夫の門下生として大正七年頃七聲歌劇団にて初舞台を踏み、新星歌舞劇団、ミナミ歌劇団を経て根岸歌劇団の所属。オペラ女優の中でも最年少組で、歌よし・ダンスよし・器量よしでフレッシュな魅力溢れる美少女振りがペラゴロ連中を熱狂させた。母の宮城信子も新派出身のオペラ女優で、一時期バリトンの宇津美清（後の内海一郎）が義父だったこともある。震災後に根岸歌劇団から分裂したミカゲ歌舞劇団では若いながらも座長として一座を率いたが、こちらも短期間で消滅した。昭和五年にはモガ女優として日活に入社するも、入江たか子や夏川静江らと肩を並べることはなく、次第に母親役などを演じるようになって昭和十二年を最後に映画界からも遠ざかった。

浅草オペラ女優の中でも最年少組であった（大正12年頃）。

日本蓄音器商会より発売された「私しは小鳥」のレコードレーベル。相良愛子は浅草オペラ後期に複数の独唱盤を残している。

松山浪子（一九〇一〜？）

「天国と地獄」でキューピット役を演じる松山浪子（大正10年頃）。

百人一首の「契り来なかたみに袖を濡らしつつ末の松山浪こさじとは」から芸名を考案し、大正七年六月旭少女歌劇団に所属し日本館で初舞台を踏んだが、可憐な美貌が目に留まってスターの仲間入りを果たした。大正九年に退団後は根岸歌劇団に参加し、演技、ダンス、歌を器用にこなし、震災後は京都のマキノ・キネマで映画にも出演しているが、昭和に入ってからは古巣の浅草で活躍。お伽歌劇のレコードの他に、東京レコードより映画主題歌「嘆きの孔雀」の独唱盤も発売されている。関係者によれば、戦後、息子と共に上野の池之端にて洋品店を営んでいたと言われる。尚、宝塚歌劇九期生（大正八年入学）にも松山浪子の名が見られるが、同名異人である。

堺千代子（一九〇五〜一九五三）

高木徳子や田谷力三と同じく東京神田の生まれで、生家が魚屋だったことは当時のペラゴロには広く知られ

妖しい魅力漂う堺千代子（大正 12 年頃）。

ており、神田女学校を中退後の大正七年夏に高木徳子に弟子入りし、九月に有楽座で上演された歌劇「沈鐘」にて初舞台を踏む。ダンスを修得し芸に厳しい徳子をして「私の二代目になるのは此の子かも知れぬ」と言わしめる程の実力を発揮した。師・徳子の死後は一時舞台を退いていたが、大正八年に竹内平吉や澤田柳吉らが常盤楽劇団を旗揚げする際に声が掛かって再びオペラの世界に戻り、その後、相良愛子や須田笑子と共に根岸歌劇団の実力派アイドルとして人気を博した。オペラ崩壊後は徳子の意思を継いで、高田雅夫・せい子夫妻らと共に創作モダン・ダンスの世界で活躍し堅実な道を歩んだ。昭和に入ってからは堺千和子と改名し、昭和十年には夫の藤田繁との連名で師・徳子の墓を建立した。

高井ルビー（高井爾美・高井ルビー子）（一九〇四～?）

井上起久子門下で無名のコーラスガールであったが、新星歌舞劇団に在籍中だった大正九年、劇作家であった獏与太平によって雑誌「オペラ」上にて「高井爾美を紹介す」の一文で見出され世に出ることになった。舞台では主役を演じることは少なかったが、佐々紅華のグループに在籍していたことから、大正から昭和初期にかけて数多くのレコードお伽歌劇に起用されている。また現在ではレコード音楽史の発掘により二村定一やフランク永井が歌ったことによってヒットした「君恋し」（大正十五年発売）の創唱者としても知られるようになった。昭和四年には電気館レビューの旗揚げ公演にも参加し、昭和十二年頃には満州を代表するダンスホール・

ペロケの専属歌手として活動した記録が残されている。榎本健一の自伝によれば戦後は浜松で宿屋を経営していたということである。

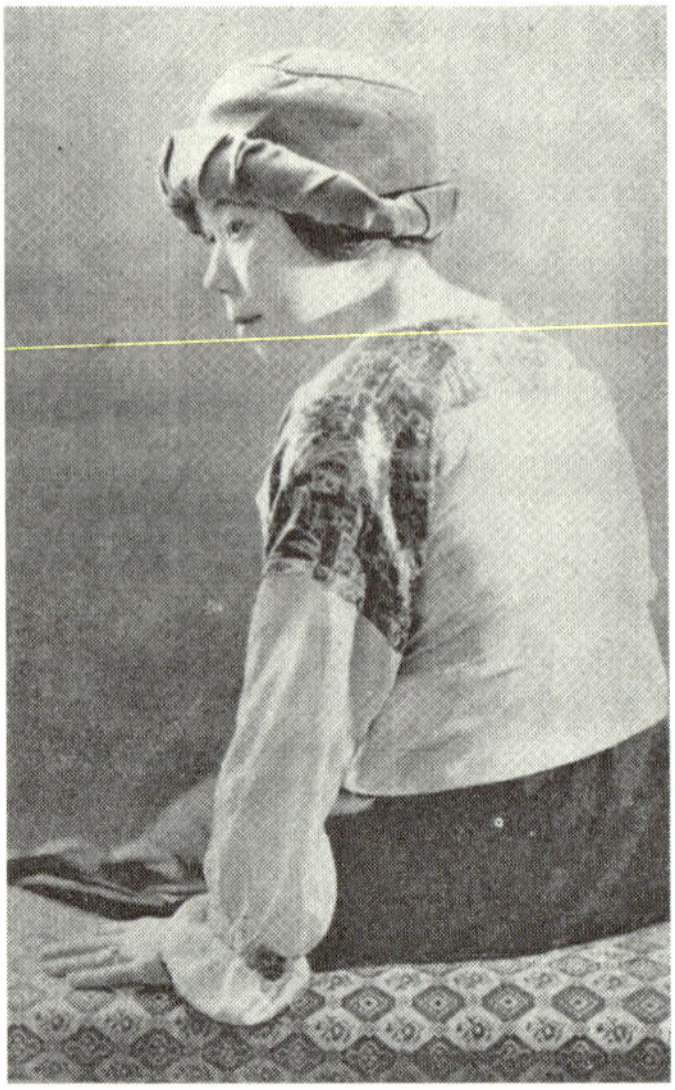

主演女優ではなかったため、高井ルビーの写真は数少ない（大正13年）。

日本蓄音器商会から発売された「君戀し」のレコードレーベル。後に二村定一やフランク永井によって唄われた時雨音羽作の歌詞とは異なった歌詞で唄われている。

新劇俳優からオペラ界に転身した頃の伊庭孝（大正7年頃）。後には辛口の音楽評論家として地位を確立した。

伊庭孝（一八八七～一九三七）

政治家・星亨（一八五〇～一九〇一）を刺殺したことで知られる教育者の伊庭想太郎（一八五一～一九〇七）の養子で、青年時代から音楽や演劇に興味を持ち、大正元年十月には俳優の上山草人らと共に近代劇協会を旗揚げし、大正三年三月には帝国劇場で「ファウスト」を上演するまでになり、そこで俳優としてメフィストを演じている。その後、新劇社を経て、大正五年十月に高木徳子一座の舞台監督として加わり、翌六年一月には浅草常盤座で上演された「女軍出征」に出演し日本海軍士官を演じている。この頃、夫との離婚が成立しない高木徳子と愛人関係にあり、公私に渡って行動を共にしていたが、大正八年早々には関係がおかしくなり決別することとなった。徳子の死後には新星歌舞劇団を旗揚げし意欲的な活動を行っていたが、俳優として舞台に立つことはなくなり、その後、根岸歌劇団、生駒歌劇団の中心人物として活動していたが、浅草オペラ界からの引退を表明。その後、音楽評論家としての道を歩む一方で、新時代の舶来音楽であるジャズの仕掛け人として訳詞を手掛け、昭和二年からはＪＯＡＫ東京放送局で行われた放送歌劇の牽引役として、常にオペラと関わり続けた。

佐々紅華（一八八六〜一九六一）

オペラ作家として歌劇団の経営陣として活躍していた頃の佐々紅華（大正７年頃）。

浅草オペラのリーダー的存在の一人として数多くの創作オペラを送り出し、また数々の歌劇団の中心人物として浅草オペラの方向性の一つを担っていた人物である。大正二年に東京蓄音器株式会社の制作部長に就任し、自作のお伽歌劇のレコードを帝劇歌劇部生徒に吹き込ませたことから、後の浅草オペラ関係者と深い関わりが出来たと思われる。浅草オペラの活動としては大正六年に石井漠らと旗揚げした東京歌劇座に始まり、七聲歌劇団、生駒歌劇団、根岸歌劇団など一流歌劇団の舞台責任者として経営に関わる一方で、「女軍出征」と並んで浅草オペラで最も上演回数が多かった人気作「カフェーの夜」（おってくさん）、「アーティスト・ライフ」など多くの傑作オペラを創作。また七声歌劇舎と称して歌劇台本を定期的に出版しているのだが、東京高等工業学校工業図案科の出身だったことから楽譜表紙のデザインから書き上げを自ら行い、特に楽譜「おってくさん」の表紙絵は堀田金星と談笑しながら短時間で書き上げたものだと言われている。昭和に入ってからは電気館レビューに関わりジャズの普及にも多大な影響を与えているが、ビクターレコード専属の作曲家として「君恋し」や「祇園小唄」など幅広いテイストの歌を発表し、レコード流行歌の世界でも一時代を築いている。

獏与太平（一八九四〜一九六一）

若い頃から社会主義に傾倒し、「関西日報」の新聞記者から脚本家となって大正五年には宝塚歌劇に「コサックの出陣」を提供し、宝塚歌劇初期の傑作の一つとして数えられている。大正六年からは高木徳子一座にも脚本を提供し、翌七年には河合澄子を看板とした日本バンドマン一座を組織。そして大正八年には浅草オペラ史の中でも異色の存在として名を残している常盤楽劇団の舞台監督として、問題の創作歌劇「トスキナ」を発表しているが、特高警察から要注意人物としてより一層警戒されたといわれている。その後、広島の羽田別荘という料亭で結成された芸者による少女歌劇・羽田別荘藝妓歌劇団の舞台監督として招聘され、大正九年五月には松竹傘下の新星歌舞劇団に参加。しかし、当時の歌劇界を騒然とさせた松竹合名社と根岸興行部の引き抜き合戦の渦中の人物として鍵を握っており、結局は松竹が新しく立ち上げたミナミ歌劇団の舞台監督に収まっている。大正十年からは妻で歌劇女優の紅澤葉子と共に、当時の映画界に新風を巻き起こしていた大正活映の映

昭和三十年頃かつてのオペラ仲間が集まって撮影されたもので、右から二人目が内山惣十郎。

画監督として参加し、本名の古海卓二を名乗って一九三〇年代半ばまで数々の映画作品を残している。

内山惣十郎（一八九七〜一九七三）

元は作曲家本居長世が主宰する国民歌劇協会で音楽を学び、大正二年には上山草人や伊庭孝らが主宰していた近代劇協会、新時代劇協会などに参加し新劇俳優として初舞台を踏んでいる。また大正五年、高木徳子一座に参加したことによって浅草オペラの世界と深い関わりを持つようになり、松旭斎天華一座、新生歌劇座、根岸歌劇団などに参加。時には俳優、時には脚本家、時にはプロデューサーとなり、大正九年には監督として映画界にも進出するが、こちらは水が合わず早速に浅草へ戻ってきている。昭和に入ってからは、レコード流行歌の作詞を積極的に行いながら、ジャズを取り入れた浅草レビューの嚆矢、電気館レビューで脚本家を書き「サロメはジャズる」などのウルトラモダンなパロディの名作を生み出している。その後は喜劇爆笑隊、新橋演舞場のカーニバル座、日本歌劇連盟、カプリ歌劇団、日本劇場の演出部長など、浅草を離れてからもショービジネス界の各分野に於いて牽引役として名を残している。また晩年は数少ない浅草オペラ関係書の中でも多くの情報量を誇り、貴重な証言を後世に残している『浅草オペラの生活』を著し、社団法人放送作家協会会長となり、それらの功績が讃えられて紫綬褒章を受章している。

小生夢坊（一八九五〜一九八六）

浅草オペラ時代に辛口評論家として浅草オペラメディアには欠かせない存在であった小生夢坊（こいけゆめぼう・こいけむぼう）は、そもそもは日本画家・広谷水石に師事したイラストレーターである。演歌師の元締めである添田唖蝉坊の知遇を得たことによって社会派グループ自由倶楽部などに参加し、治安維持法以前に社会主義者を取り締まっていた治安警察法の特定視察人乙号に指定され監視される存在にもなった。浅草オペラの活動としてはアナーキスト文士たちが集結した常盤楽劇団、そして自らが座長となって東京オペラ座を旗揚げ。「ペラゴロ」という言葉を作り上げた一人だとも言われている。昭和に入ってからは曾我廼家五九郎一座にも関わり、明石潮一座に関係していた時代には日本初の俳優争議を起こし、また随筆家として『尖端をゆくもの』『愛慾層に踊る』『浅草三重奏』などプロレタリアとエロ・グロと都市文学を融合したような昭和初期らしい名著を多数残している。戦時中は神奈川県高座郡にて興亜十人塾を開き、戦後には随筆「天狗まんだん」を新聞連載する一方、浅草の民族芸能を保存する活動の中心人物として奔走し昭和二十六年には浅草文化人の交流を目的とした「浅草の会」の設立、三十六年には樋口一葉記念館の開館、五十五年には下町風俗資料館の開館、また浅草奥山の曾我廼家五九郎記念碑、弁天山下の添田唖蝉坊記念碑の建立にも一役買っている。浅草芸人たちとの関わりも深く、エノケンこと榎本健一が特発性脱疽で右足を切断したと聞きつけると杖を進呈し、エノケンは生涯その杖を愛用していたというエピソードも残っている。

〈注〉（東京八等）

明治から大正時代には「俳優鑑札」という鑑札を取得した者のみが公に俳優として認められた時代であったことは忘れられつつある歴史的事実で、等級も一等から九等（都市部では八等）までに区別されていた。舞台俳優の等級の決定については明治二十二年二月より行われ、芸の技量や芸歴と各自治体に支払う納税額から、俳優組合内に置かれていた正副頭取特別委員によって公平に査定されていたので、従って人気と等級は比例していない。浅草オペラを代表する俳優たちも俳優組合に加入しており、地方巡業に出る際や所属劇団を移籍する時は申し出るなどの規約が定められている。ここに挙げたオペラ俳優たちのプロフィールの最後に記載した「東京八等」は、東京で届け出がされた「八等俳優」の略である。一等俳優が最上級のステータスであるが、一等の場合は半期で百八十円の納税義務があり、浅草オペラの俳優が与えられていた八等の場合は同じく半期で二円の納税で済んでいたというのだから、いらぬ肩書であったとも言える。ちなみに活動写真のヒーローであった目玉の松ちゃんこと尾上松之助は大阪五等、大正時代を代表する女優の松井須磨子などは東京八等という等級である。また、ここに挙げた全てのオペラ俳優のプロフィールに等級の記入がないのは、一部の俳優が鑑札を取得していなかったということではなく、あくまでも筆者が確認できた範囲で参考までに記入したということと、以上の記載は大正七年におけるものということをお断りしておく。

あとがき

今回の出版に当たって、私が心に置いていたのは日本オペラの黎明期を克明に記録するということよりも、大正時代の庶民の生の声が聞こえて来るような、食べ物やトイレの臭いが鼻をついて来そうな、雑然とした浅草六区の街を読者の方に思い浮かべていただけるようなものを書きたいということであった。それ故ゴシップ記事を掘り起こしすぎた感もあり、甚だ心許ない限りである。とはいえ歴史書である以上正確を期すのは当然で力量不足のため、年号や俳優たちの動向などの裏付けに思いのほか時間がかかり、省略させざるを得ない部分が多々できてしまったことは遺憾であると共に反省点でもある。読者の皆様のご叱正を待つばかりである。

サブタイトルに使用した「インチキ歌劇」という言葉であるが、昭和初期には既に使用されていた造語であり、本を上梓するにあたって私が考案した言葉ではない。また、この「インチキ歌劇」という言葉を使用したことについては、決して浅草オペラを卑下したり、浅草オペラ関係者が築き上げた地位を陥れるものではなく、むしろ浅草オペラへの溢れ出る愛着から名付けたものであることを特にご理解いただけたらと思う。

浅草オペラが隆盛を極めた大正時代からおよそ百年の時が経過してしまった。浅草オペラに関わっていた人たちも鬼籍に入り、また観客としてオペラ俳優たちに声援を送っていたペラゴロたちも存命してはいないだろう。十数年ほど前に浅草オペラ研究の先輩・清島利典先生と歓談していた時、「私が『日本ミュージカル事始め』を出版する時、既に二十年遅かったか……と思ったものです」と言っておられたことを忘れることができない。そんな実質的な浅草オペラの風化とは裏腹に、近年では浅草オペラに対する評価が高まって来ていることも事実で、二〇一一年九月に私が出演した浅草オペラのトークイベント（ぐらもくらぶ主催）は満員札止となり、二〇一四年九月に「浅草オペラの再興を」のスローガンのもと知人が立ち上げた東京オペレッタジゴロという劇団の旗揚げ公演も大盛況だったようである。私は小学六年生の頃から図書館で借りてきた増井敬二先生の書『浅草オペラ物語』を読み耽り、高校生時代には本格的な研究を始め、多くの浅草オペラ関係者の御遺族にお世話になってきた。藤村梧朗さん、明石須磨子さん、澤モリノさん、田谷力三さん、岸田辰弥さん、町田金嶺さん、小生夢坊さん、奈良八重子さん、河合丸目郎さん、谷崎歳子さん等々の御遺族の方たちと奇跡的に巡り合うことが出来、浅草オペラを超えたお付き合いをさせていただいたり、今でも事あるごとに文通をさせていただいたりしている。また私事であるが、私の祖父の兄も終戦直後に舞踊家・石井みどり先生の紹介で石井漠先生にお世話になった一人であることを、偶然に祖父から聞かされ度胆を抜かれたこともあった。人生の早いうちから浅草オペラとの深い縁が結ばれていることに気づき、それに向かって歩んでこれた私は幸運だったとしか言いようがない。この出版はそんな浅草オペラ人生の、集大成ではなく一つのけじめとして（資料不足により未完成の原稿や各方面に配慮して書くことが憚られた俳優たちのプライベートなど、まだまだ書き残したことは山のようにある）、皆様のおかげで挫けずになんとかやってきました、というご報告になればよいと思っている。また私の拙い文章だけでは当時の雰囲気が伝わらないだろうと、特にご遺族の方の御厚意により町田金嶺さんの遺品の一部や私が所有する未公開の写真を多く掲載することもできたので、当時の空気を存分に味わっていただけたら幸いである。

そして、えにし書房株式会社・塚田敬幸社長、長年の先輩であるアーカイブプロデューサー・保利透さんには心より感謝を申し上げたいと思います。

最後にこの原稿を仕上げるに当たって公私共に支えて下さった皆様の名前を挙げさせていただいて筆を置きたいと思いますが、この中には既に鬼籍に入られた方もおられ出版の御報告ができないのがとても残念です。

浅井カヨさん、井東冨二子さん、岩本浩明さん、大石晃士さん、大内良明さん、岡田則夫さん、奥野千恵子さん、角敏夫さん、川上桂二さん、河辺容子さん、岸田尚さん、清島利典さん、久保多紀子さん、久保田雅人さん、小生富夫さん、さこ大介さん、鈴木としおさん、三城妙さん、毛利眞人さんその他多くの皆様（五十音順）。

ありがとうございました。

小針侑起

二〇一六年　四月

出典

増井敬二『浅草オペラ物語——歴史、スター、上演記録のすべて』（芸術現代社・一九九〇年）

内山惣十郎『浅草オペラの生活』（雄山閣・一九六七年）

藤波楽斎『歌劇と歌劇俳優』（文星社・一九一九年）

小生夢坊・三楽流子『女盛衰記——女優の巻』（日本評論社・一九一九年）

森富太 編『日本歌劇俳優名鑑』（活動倶楽部社・一九二一年）

杉浦善三『女優かゞ美』（杉浦出版部・一九一二年）

吉岡重三郎 編『寶塚少女歌劇二十年史』（宝塚少女歌劇団・一九三三年）

清島利典『恋はやさしい野辺の花よ——田谷力三と浅草オペラ』（大月書店・一九九三年）

秋月正夫『蛙の寝言』（私家版・一九五六年）

黒木耳村 編『狂死せる高木徳子の一生——高木陳平の告白』（生文社・一九一九年）

高澤初風『現代演劇総覧』（文星社・一九一八年）

武田正憲『諸国女ばなし』（鹽川書房・一九三〇年）

鈴木としお『浅草のひと』（東京新聞出版部・一九八九年）

添田唖蝉坊『浅草底流記』（近代生活社・一九三〇年）

今東光『十二階崩壊』（中央公論社・一九七八年）

榎本健一『喜劇放談　エノケンの青春』（明玄書房・一九五六年）

曽田秀彦『私がカルメン——マダム徳子の浅草オペラ』（晶文社・一九八九年）

小生夢坊 共著『愛慾層に踊る』（昭文閣書房・一九三一年）

浦辺粂子『映画女優の半生』（東京演芸通信社・一九二五年）

浦辺粂子『映画道中無我夢中』（河出書房新社・一九八五年）

浅草の会々報「浅草」（浅草の会事務局・一九五一年）

雑誌「オペラ」

雑誌「歌舞」

雑誌「花形」

雑誌「新時代」

雑誌「歌劇」

朝日新聞、読売新聞、都新聞

〔著者紹介〕
小針 侑起
（こばり ゆうき）

浅草オペラ研究家。
1987年生まれ。幼少期よりSPレコードを中心とした流行歌史の研究、女優に重点を置いた映画史の研究、浅草オペラの研究を進める傍ら、東京タレントクラブ会長であった故・大内良明に師事。執筆活動、トークショー出演の他、NHKや宝塚歌劇などの時代考証なども行う。

ぐらもくらぶ

アーカイブ・プロデューサー、戦前レコード文化研究家　保利 透（ほりとおる、1972年、千葉県生まれ）主宰のレーベル。
時代にスポットをあて、過去と現代の対比を検証するというテーマのもと、戦前の音楽の素晴らしさと、録音による時代の変化をイベントやメディアを通じて伝えている。
※ぐらもくらぶシリーズは、ぐらもくらぶと提携、レーベルが発売するCDなど音源の内容に即して企画・製作する書籍です。

Enishi Shobo

ぐらもくらぶシリーズ②
あゝ浅草オペラ
写真でたどる魅惑の「インチキ」歌劇

2016年 5月15日 初版第1刷発行

■著者　小針侑起
■発行者　塚田敬幸

■発行所　えにし書房株式会社
〒102-0074 千代田区九段南2-2-7 北の丸ビル3F
TEL 03-6261-4369　FAX 03-6261-4379
ウェブサイト　http://www.enishishobo.co.jp
E-mail　info@enishishobo.co.jp

■印刷／製本　モリモト印刷（株）
■DTP／装丁　板垣由佳

ISBN978-4-908073-26-7 C0076